历史的忧虑

HISTORY'S DISQUIET

Modernity,
Cultural Practice, and the
Question of Everyday Life

现代性、文化惯例
与日常生活中的问题

Harry Harootunian

[美] 哈里·哈鲁图尼恩 著

戴瑶颖————译

江苏人民出版社

图书在版编目（CIP）数据

历史的忧虑：现代性、文化惯例与日常生活中的问
题 / （美）哈里·哈鲁图尼恩著；戴瑶颖译. --南京：
江苏人民出版社，2022.5
　　（西方日本研究丛书/刘东主编）
　　ISBN 978 - 7 - 214 - 26246 - 2

　　Ⅰ. ①历… Ⅱ. ①哈…②戴… Ⅲ. ①社会生活－文
化史－研究－西方国家 Ⅳ. ①K103

中国版本图书馆 CIP 数据核字（2021）第 220991 号

History's Disquiet: Modernity, Cultural Practice, and the Question of Everyday Life
by Harry Harootunian
Copyright © 2000 Columbia University Press
Simplified Chinese edition copyright © 2022 by Jiangsu People's Publishing House
Published by arrangement with Columbia University Press through Bardon-Chinese
Media Agency（博达著作权代理有限公司）
All rights reserved
江苏省版权局著作权合同登记号：图字 10 - 2014 - 128 号

书　　　名　历史的忧虑：现代性、文化惯例与日常生活中的问题
著　　　者　[美] 哈里·哈鲁图尼恩
译　　　者　戴瑶颖
责 任 编 辑　孟　璐
封 面 设 计　许晋维
责 任 监 制　王　娟
出 版 发 行　江苏人民出版社
地　　　址　南京市湖南路 1 号 A 楼，邮编：210009
照　　　排　江苏凤凰制版有限公司
印　　　刷　江苏凤凰新华印务集团有限公司
开　　　本　890 毫米×1240 毫米　1/32
印　　　张　8.125　插页 4
字　　　数　158 千字
版　　　次　2022 年 5 月第 1 版
印　　　次　2022 年 5 月第 1 次印刷
标 准 书 号　ISBN 978 - 7 - 214 - 26246 - 2
定　　　价　56.00 元

正如此前数番那般，我受困于自身感受的经验，受困于单是感受某事的痛苦，受困于仅是身处此处的忧虑，受困于种种从未体察的怀恋……光亮平静而完美地从事物中散逸出来，给它们镀上一层含笑的、悲哀的实在。由这样的乏善可陈，由这样的街道，世界的神秘尽数在我眼前呈现。啊，生活中的日常事物经我们之手，被涂绘得多么神秘！在这被光亮照抚的错综的人类生命的表面，时间，竟在神秘之唇间绽出一个踌躇的微笑！此话听闻如此现代，深处却又是那般古老、那般隐秘，同其显露出的意义相比是那般不同。

——费尔南多·佩索阿（Fernando Pessoa），
《不安之书》（*The Book of Disquiet*）

总　序

　　这又会是一个卷帙浩繁的移译工程！而且，从知识生产的脉络上讲，它也正是上一个浩大工程——"海外中国研究丛书"的姊妹篇，也就是说，它们都集中反映了海外学府（特别是美国大学）研究东亚某一国别的成果。

　　然而，虽说两套书"本是同根生"，却又完全可以预料，若就汉语世界的阅读心理而言，这后一套丛书的内容，会让读者更感生疏和隔膜。如果对于前者，人们还因为禀有自家的经验和传统，以及相对雄厚的学术积累，经常有可能去挑挑刺、较较劲，那么对于后者，恐怕大多数情况下都会难以置喙。

　　或许有人要争辩说，这样的阅读经验也没有多少不正常。毕竟，以往那套中国研究丛书所讲述的，乃是自己耳濡目染的家常事，缘此大家在开卷的过程中，自会调动原有的知识储备，去进行挑剔、补正、辩难与对话。而相形之下，眼下这套日本研究丛书所涉及的，却是一个外在文明的异样情节，人们对此当然只会浮光掠影和一知半解。

不过，设若考虑到这个文明距离我们如此之近，考虑到它在当今国际的权重如此之大，考虑到它跟传统中华的瓜葛如此之深，考虑到它对中国的现代化历程产生过如此严重的路径干扰与路径互动，那我们至少应当醒悟到，无论如何都不该对它如此陌生——尤其不该的是，又仅仅基于一种基本无知的状态，就对这个邻近的文明抱定了先入为主的态度。

还是从知识生产的脉络来分析，我们在这方面的盲点与被动，至少在相当大的程度上，是由长期政治挂帅的部颁教育内容所引起的。正如上世纪 50 年代的外语教学，曾经一边倒地拥抱"老大哥"一样，自从 60 年代中苏分裂以来，它又不假思索地倒向了据说代表着全球化的英语，认定了这才是"走遍天下都不怕"的"国际普通话"。由此，国内从事日本研究的学者，以及从事所有其他非英语国家研究的学者，就基本上只能来自被称作"小语种"的相对冷门的专业，从而只属于某些学外语出身的小圈子，其经费来源不是来自国内政府，就是来自被研究国度的官方或财团。

正因此才能想象，何以同远在天边的美国相比，我们反而对一个近在眼前的强邻，了解得如此不成正比。甚至，就连不少在其他方面很有素养的学者和文化人，一旦谈起东邻日本来，也往往只在跟从通俗的异国形象——不是去蔑视小日本，就是在惧怕大日本。而更加荒唐的是，他们如此不假思索地厌恶日本人，似乎完全无意了解他们的文化，却又如此无条件地喜欢日本的产品，忽略了这些器物玩好的产生过程……凡此种种，若就文化教养的原意而言，都还不能算是完整齐备的教养。

与此同时，又正因此才能想象，如此复杂而微妙的中日关系，如此需要强大平衡感的困难课题，一旦到了媒体的专家访谈那里，往往竟如此令人失望，要么一味宣扬一衣带水，要么一味指斥靖国神社。很少见到这样的专门家，能够基于自己的专门知识和专业立场，并非先意承旨地去演绎某些话语，而是去启迪和引导一种正确的阅读。

那么，除了那两种漫画式的前景，更广阔的正态分布究竟是怎样的？总不至于这两个重要邻邦，除了百年好合的这一极端，就只有你死我活的另一极端吧？——由此真让人担心，这种对于外来文明的无知，特别是当它还是极其重要的近邻时，说不定到了哪一天，就会引发代价惨重的、原本并非不可避免的灾祸。确实，要是在人们的心理中，并不存在一个广阔的理解空间，还只像个无知娃娃那样奉行简单的善恶二元论，那就很容易从一个极端走向另一个极端。

作为一介书生，所能想出的期望有所改善的手段，也就只有号召进行针对性的阅读了，并且，还必须为此做出艰苦的努力，预先提供足够的相关读物；此外，鉴于我们国家的大政方针，终将越来越走向民主化，所以这种阅读的范围，也就不应仅限于少数精英。正是诸如此类的焦虑，构成了这套丛书的立项理由——正如在上一套丛书中，我们曾集中引进了西方自费正清以降的、有关中国研究的主要学术成果，眼下我们在新的丛书中，也将集中引进西方自赖肖尔以降的、有关日本研究的主要研究成果。

我们当然并不指望，甫一入手就获得广泛的反响和认同。回想起来，对于大体上类似的疑问——为什么满足理解中国的精神冲动，反要借助于西方学界的最新成果？我们几乎花去了二十年的不倦译介，才较为充分地向公众解释清楚。因而，我们现在也同样意识到，恐怕还要再费至少十年的心血，才能让读者不再存疑：为什么加强理解日本的途径，也要取道大洋彼岸的学术界。不过我却相信，大家终将从这些作者笔下，再次体会到怎样才算作一个文化大国——那是在广谱的意义上，喻指学术的精细、博大与原创，而并非只是照猫画虎地去统计专著和论文数量，而完全不计较它们的内在质量。

我还相信，由于这套丛书的基本作者队伍，来自我们二战时期的盟国，所以这些著作对国内读者而言，无形中还会有一定的免疫力，即使不见得全信其客观公正性，至少也不会激起或唤醒惯性的反感。此外，由于这些著作的写作初衷，原是针对西方读者——也即针对日本文化的外乡人——所以它们一旦被转译成中文，无意中也就有一种顺带的便利：每当涉及日本特有的细节和掌故时，作者往往会为了读者的方便，而不厌其烦地做出解释和给出注释；而相形之下，如果换由日本本土学者来处理，他们就不大会意识到这些障碍，差不多肯定要一带而过。

不待言，这面来自其他他者的学术镜子，尽管可以帮助我们清洗视野和拓宽视角，却不能用来覆盖我们自身的日本经验，不能用来取代我们基于日文材料的第一手研究——尤其重要的是，不能用来置换中日双边的亲历对话，以及在此对话中升华出来的独自思考。而最理想的情况应当是，一旦经由这种阅读而引起了兴趣和建立了通识，大家就会追根究底地上溯到原初语境去，到那里以更亲切的经验，来验证、磨勘与增益它们。

无论如何，最令人欣慰的是，随着国力的上升和自信的增强，中华民族终于成长到了这样一个时刻，它在整个国际格局中所享有的内外条件，使之已经不仅可以向其国民提供更为多元和广角的图书内容，还更可以向他们提供足以沉着阅读和平心思考这些图书的语境。而这样一来，这个曾在激烈生存竞争中为我国造成了极大祸害的强邻，究竟在其充满曲折与陷阱的发展道路上，经历了哪些契机与选择、成功与失败、苦痛与狂喜、收益与教训，也已足以被平心静气地纳入我们自己的知识储备。而借助于这样的知识，我们当然也就有可能既升入更开阔的历史长时段，又潜回充满变幻偶因的具体历史关口，去逐渐建立起全面、平衡、合理与弹性的日本观，从而在今后同样充满类似机遇的发展道路上，既不惮于提示和防范它曾有的失足，也不耻于承认和效仿它已有的成功。

我经常这样来发出畅想：一方面，由于西方生活方式和意识形态的剧烈冲击，也许在当今的世界上，再没有哪一个区域，能比我们东亚更像个巨大的火药桶了；然而另一方面，又因为长期同被儒家文化所化育熏陶，在当今的世界上，你也找不出另一块土地，能如这方热土那样高速地崛起，就像改变着整个地貌的喜马拉雅造山运动一样——能和中日韩三国比试权重的另一个角落，究竟在地球的什么地方呢？只怕就连曾经长期引领世界潮流的英法德，都要让我们一马了！由此可知，我们脚下原是一个极有前途的人类文化圈，只要圈中的所有灵长类动物，都能有足够的智慧和雅量，来处理和弥合在后发现代化进程中曾经难免出现的应力与裂痕。

此外还要提请注意，随着这套丛书的逐步面世，大家才能更真切地体会到，早先那套连续出版了一百多种，而且越来越有读者缘的"海外中国研究丛书"，在其知识创化的原生态中，实则是跟这套"西方日本研究丛书"相伴而生的。作为同一个区域研究的对象，它们往往享有共通的框架与范式，也往往相互构成了对话基础和学术背景。而由此也就不难联想到，尽管西方的区域研究也在面临种种自身的问题，但它至少会在同一个地区谱系中，或在同一个参考框架下，把中日当作两个密不可分的文明，来进行更为宏观的对比研究——这就注定要启发我们：即使只打算把中国当作研究对象，也必须蔚成一种比对日本来观察中国的宽广学风，因为确有不少曾经百思不得其解的难题，只要拿到中日对比的大框架下，就会昭然若揭，迎刃而解。

最后，由于翻译此套丛书的任务特别艰巨，既要求译者通晓英文，又要求他们了解日本，也由于现行的学术验收体制，不太看重哪怕是最严肃的翻译工作，给这类唯此为大的学术工作平添了障碍，所以，对于所有热心参赞此项工程的同侪，我既要预先恳请他们随时睁大眼睛，也要预先向他们表达崇高的敬意；并且——请原谅我斗胆这样说——也为他们万一有什么"老虎打盹"的地方，预先从读者那里祈求谅解。当然，这绝不是一个"预先免责"的声明，好像从此就可以放开手脚去犯任何错误了。可无论如何，我们想要透过这套书提供的，绝不是又有哪位译者在哪个细节上犯下了哪类错误的新闻，而是许多译者经由十分艰苦的还原，总算呈现在图书中的有关日本文明的基本事实——无论知我罪我，我还是把这句老实话讲出来，以使大家的目力得以穿透细枝末节，而抵达更加宏大、久远和深层的问题！

刘　东

2009 年 8 月 16 日

于静之湖·沐暄堂

目 录

序　言
日常生活中不可避免的"实在性"

当下（the present）！它就呈现在我们眼前。踏出门，你就会在此处看到彼处的景观。不仅如此，看人们遍布各处，在无数人的家中，在各种聚集的地方，在公园和花园里，已成为当代的习惯……然而所谓如此的此刻，实际上在持续改变着。

——今和次郎（Kon Wajiro, 1929）

"倘若道拉多雷斯大街（Rua dos Douradores）上的办公室对我来说代表了生活，"葡萄牙诗人费尔南多·佩索阿通过他许多的"异名"之一——贝尔纳多·索阿雷斯（Bernardo Soares）宣称道，"我所居住的与办公室在同一条街上的二楼则代表了艺术。是的，艺术，与生活同住在一条街上却又身处异室；它提供脱胎自生活的慰藉，事实上又不至于使人放下生存之事，这艺术恰与生活本身一样单调，却又表现为一种不同的形式。是的，对我来说，除了神秘本身之存在是无解之物，道拉多雷斯大街拥抱了关于所有事物的意义，针对所有神秘的解答。"[1] 现代主义诗人费尔南多·佩索阿敏锐地应和了 20 世纪 20 年代里斯本的日常现代性（everyday modernity），标示出日常生活琐碎程式的单调与日常性所激发出的崇高反思之间的距离，以及过去与当下的此刻（now）之间的距离。还应意识到的是，在现代生活里个体的生活与街道并无真正的区别——两者都趋向一个仅仅意味着"无足轻重价值"的"共同抽象命

---

[1] Fernando Pessoa，*The Book of Disquiet*，ed. Maria Jose du Lancastre，trans. Margaret Jull Costa，London：Serpent's Tail，1991，p. 5. 序言中标注页码内容，皆出自此书。

运"（p. 23）。然而佩索阿仍然坚信这"单调"的世界定义了经验（experience）的领域，决定了所有反思的条件。他的"日记"证明，20 世纪初被现代主义者们于各处体察到的关于主观性的超验主张实际上缺乏根基。这一认识伴随着资本主义现代化过程——将城镇转化为巨大的工业城市——共同出现、发展。而这些工业城市如今承载着那些离开农村而寻求另一种人生的人们的日常生活。在这一新局面中，只有资本本身占有施动者或受制者的位置，在重复和再生产的循环中生产并确定价值。"我对于生活的无意义有一种直接的意识，"索阿雷斯承认，"观看、感受、记忆、遗忘皆为一体，在从下方街道传来的支离的呢喃中，在安静的办公室中持续工作发出的微弱的声响里，同我手肘的轻微疼痛混合起来。"（p. 43）

　　佩索阿，即索阿雷斯，从一个"匿名的""警惕的"角度描绘"生活"，而这角度仅仅来自一名"观众"的体验——这一观众在这世界的创设中没有自己的角色，而将自我比喻成一只"苍蝇"。"活着即是成为他者。如果一个人感受到的今天正如同他感受到的昨天，那感受甚至都是不可能之所为。因为那不是去感受，而只是以昨天的感受来记住今天，只是去成为过着业已迷失的昨日生活的活死人。"（p. 48）虽然活在一种无非想"占据这个咖啡厅桌子边的一把椅子之类的渴望中……但由这样的乏善可陈，由这样的街道，世界的神秘尽数在我眼前呈现"（p. 49）。同时在日本，当今和次郎和权田保之助（Gonda Yasunosuke）走过东京的街道时，他们也在传递同样的情绪，力图捕捉到此刻的经历以及其对于当下的意义。瓦尔特·本雅明（Walter Benjamin）彼时已经开始了他着重于巴黎街头生活，着重于作为这种生活的大师级领航员——游荡者——的"拱廊计划"。而对于佩索阿而言，所有事情都显得无法忍受，"除了生活——办公室，我的房子，街道之外"。然而"整体"提供了慰藉，即他所指的由构建并征服生活经验的日常生活细节所奉上的安慰："一缕阳光连绵地落于死气沉沉的办公室；一声街头的呼喊攀升至我房间的窗户……此皆是这世界骇人的客观性。"（pp. 50-51）

这种经验根植于当下："我活在当下。不知未来也不再有过去"（pp. 60-61），当下潜入那些永远不值得重复的过去。但是佩索阿似乎认定现代的破坏力在于对于无事长久的认知（p. 57），以及对于人生"如历史般的"、无所教授的本真生活体验（p. 77）。

在佩索阿掌控当下经验之前，詹姆斯·乔伊斯（James Joyce）已绘制出他的主人公斯蒂芬·迪达勒斯（Stephen Daedalus）在都柏林度过的一天的细节。马塞尔·普鲁斯特（Marcel Proust）已试着捕捉一次对业已逝去之经历的当下回忆，而无数的日本作家或中国作家亦在注重个体经验的小说中优先布置下日常性的细节。值得注意的是，佩索阿对里斯本生活体验的复述，与日本所谓的私小说家们——其小说常常采用忏悔式日记体例，甚至与乔伊斯的都柏林生活体验并无大不同。小说家们都处于工业世界的外围，却仍受其转换过程影响。我们可以以同样的境况来描述像巴西这样的晚起发展国家，和像印度及中国这样的殖民地或半殖民地社会中的大城市。对于与众不同地根植于当下的现代经验的敏感，揭示了一种对于当下的现世维度，及对于其存在不同于既往矣的过去之处的意识。本雅明把这种当下称作日常之实在性（actuality），因为这种当下正在大型工业化城市里被体验着、经历着。但鉴于当下化作了占据主要和优先之地的时间性（temporality）——其他所有时刻的计量都以此为参照——本雅明又号召展开一场记忆的"哥白尼革命"，一场可以逆转常规，可以不把其程式建立在过去已成定论的现实，而是当下实在性之上的革命。历史学家采用过去已成定论的现实作为基础，寻求再现如实的过去，从而架设起过去与当下间的连续性。而"哥白尼革命"之后，日常性的此刻和它要构建的过去则是呈现为一种辩证的关系。

本雅明工程的核心是阐述一种"幽灵似的历史经验"[1] 的哲学可能性，即数条成为"救世主的例外"的历史规则。这种"例外"构成了他对于唯物主义历史的一种新理解，而这种理解的实现到 1940 年已变得十分迫切。此处对我们来说重要的是，本雅明对当下的实在性的鉴别。此类鉴别方式对日本和其他任何资本主义正在生根之处的思想者来说颇为诱人，因为他们可凭此理解他们正在体验的新生事物，理解把户坂润和今和

---

1 Françoise Proust, *L'Histoire á contretemps*，Paris：Les éditions du Cerf，1994，pp. 13，15.

次郎他们的当下与过去分开的此刻。这些思想者们想要回答的 *4*
问题涉及历史的当下这一事实，以及这一事实如何作为当下而
出现。但是当下的此刻所提供的最多只是一种最低限度的统一
（unity），一种被授权来构建日常经验的统一。也就是说，仅仅
言及当下，标示出的是在意义的最低限度的整体中数个假设事
实（givens）的统一。[1] 再者，这种时间上的统一，被一种理
解、再现和认知三者的综合——康德学派称其为"经验的综合
统一"——所标记。换言之，获得当下经历之可能性的条件，
即此刻，取决于意识的综合能力。人们一度认为，当基于此种
综合而形成的统一被持续推翻时，当意识遭到来自假设事
实——其挑战了意识持续有序地吸收、归类的能力——的轮番
轰炸时，现代是显然可见的。于此，世界——这永续的当
下——对意识宣战，并以震撼、感动及意外对它施加创伤、导
入干扰，以致意识再也无法掌控其目标，被迫遁入纯粹的记忆
和纯粹的过去。这世界在格奥尔格·齐美尔（Georg Simmel）
关于精神生活和都会生活的研究中被加以描述，之后又被本雅
明划分为"意愿记忆和非意愿记忆"两部分。这种当下最低限
度的统一，无论多不稳定，仍越来越多地被思考者们看作实在
的、不可避免的日常经验。这种日常性经验遍布工业化世
界——涵盖殖民地与非殖民地——被鉴定为拥有与众不同的现
代性。

---

1 Proust，*L'Histoire*，p. 15.

　　本书的各章起初作为威勒克演讲系列（Wellek Lectures）于1997年被发表。全书关心两个相联的问题：日常性这一范畴是如何作为时间经验最低限度的统一被概念化的；它如何作为历史视角来拓展我们对于全球各地所同时经历的现代化过程的理解。本书同时审视了以不同变形（inflection）显现的欧美日常生活的亲身经验，与他处日常生活亲身经验的相遇。欧美的历史总是抑制其外部世界的现代性，而他处的现代性又与资本输出一起到来并具有数种不同的形态。审视问题的一重动力来自我对于诸如现代性，以及现代性的经验是如何于日常被概念化等历史性问题的兴趣。另一重考量来源于我对于诸如日本等欧美以外社会的兴趣。此等社会的现代性不仅被同化成西方的模板，并且在列入讨论之际亦被视为原版的复制甚至替代。而这样的看法或可满足"地域化欧洲"（provincialize Europe）的需要，正如迪佩什·查卡拉巴提（Dipesh Chakrabarty）已经提倡多年的那样，这样的看法也使我们对一个一直被看作某一特定文化资质所导向的成果的地域化过程，有了更深更多样的理解。这一看法尤其促使我们直面作为考察任何过去之起点的当下——于当下，欧美之外的世界再也不能被忽略或抑制，虽然在本雅明的时代，他所处的世界就像萨蒂亚吉特·雷伊（Satyajit Ray）的电影《遥远的雷声》中的遥远雷声，仍是在历史意识之外的模糊的阴影。

　　日常性被定义之后，外部便不复存在了。也就是说，我试图解释日常生活中的现时体验如何最终突显出一类定义现

代性的共时范畴，和一种被户坂润称为"思想的日常化"的
哲学方法；我也试图解释一类能够用来辨明整个资本主义现
代化范围内多样社会中不同社会空间的历史范畴。尽管日常
性的一致化和对当下之首要性的认识标示着于某段历史时期
（19世纪晚期及20世纪早期）的工业化城市中被经历并被展
现出的一种特定体验的形成，此两者也是一类历史解释的范
畴。这类范畴扩大了供我们探寻资本主义现代性中所含矛盾
的视野。现代性产生于一种特定的生产模式，这种模式被浓
缩在城市生活里，并折射漫布于整个工业化世界，尤其多见
于半边缘化和殖民化的亚洲区域内。即使是苏联的新社会主
义加盟国也力图概念化一种符合其去资本主义理想的日常性。

我们关注日常的概念化以求确定一种统一的现代性体验，
而这并不意味着要使其范畴本体化（ontologize）。此所谓范
畴，只与现时之人如何组织并命名其某一历史时刻的已有体
验，以及如何在历史上保存某一时刻以期后续演绎有关。[1] 很
多人坚信，鉴于资本主义现代性已无根据，又由于日常其开
放、未完成、矛盾、多音性（multiaccentuality）等的指向性，
日常没能获得本体论的根据，其或理应如此。虽然如此，日常
仍为一个实践的场所，为一个被很多人认为是被淹没的过去之
梦——即一段幽灵之历史——及一种未来之可能的社会空间。
多年以后，昂利·列斐伏尔（Henri Lefebvre）注目于日常性

6

---

[1] John Roberts，*The Art of Interruption*，Manchester：Manchester University Press，
1998，p. 12. 罗伯茨将日常形容为一种转义（trope）。

的空间，因为其间充斥着从极不均等的生活体验中产生的异化（alienation），故而提供了加以评论的空间。

作为一个研究欧美之外社会的历史学者，我总是面临着一个任务：如何将这种关于外部的、本地的体验的知识，与一个可供对比的、更大也更为熟悉的参照物的内部联系起来。然而，若不使后者同化为前者而破坏其内部，若不恢复以正视欧美之外社会现实的历史实践为标识的古老二元概念，这样一则任务就很难被执行。尽管对亚洲社会的教习和研究至今已有相当历史可循，但被青睐的模式还是吸纳地方性的知识，使其遵从起源于欧美历史研究并涵盖了欧美历史研究的范畴。这意味着一段极短的熟悉过程，并在一开始就假设相类之处即为模仿之处。而发展至最糟的具例则表现为，以新教徒伦理（the Protestant Ethic）来解释日本（和中国）的职业伦理和快速现代化的类推理念，这仍然散见于一些旨在严谨的研究中。[1]

然而这种抱怨不应被理解为对于"本土理论"和概念的诉求。那种诉求只是今日对于亚洲研究在其学科部门内（此领域的人总是少数派并处于二流地位）及专家学者所呈现的民族文化（national culture）中（这种文化中，外界的研究被质疑无法渗透到本地感受最深的隐秘处）被边缘化的传统做出的欠缺考虑却超定的（overdetermined）反应。制度上的边

1　参见 David Landes, *The Wealth and Poverty of Nations*, Boston: Abacus, 1997, p. 363。

缘化特别映射在历史学者对自身学科及知识模式（modes of knowing）的展望里。彼得·诺维克（Peter Novick）在通过叙述历史来抬高美国历史学科中高级闲话地位的出彩努力中，绝口不提历史实践不只是美国、英国和西欧的历史学。[1] 在诺维克自认是对历史学进行批判的这部著作里，他再现了这门学科是如何通过对历史客观性问题的争论来表述自身及其关心的问题的。缺漏无疑是这世界，更是其在当下的情状。诺维克在当下写着他的著述，而当下便是那一片布满阴影的领域，历史学者们将其委托给了外部，作为其忧虑自身是否科学客观的一个条件。诺维克拒绝背离行业做法和意识形态，而愿意遵循既存在于内部也存在于外部（背景噪声［background noise］）的惯例的约束。这是对 H. G. 威尔斯（H. G. Wells）先前所著的《世界历史》的呼应。而日本本土民族学者柳田国男（Yanagita Kunio）驳斥道，世界并不如书中所示。威尔斯的《世界历史》忽视了非洲、亚洲和世界其他地区，其不过是一个英国人对于他眼中的世界的陈述，却仍试着将其单一主义的自负矫饰为世间真理，凸显其中一部分，以之替代未曾被正视的整体。[2]

　　更昭然若揭地颂扬把外部挡在外面这一历史观点的是理查德·埃文斯（Richard Evans）的诚意之作《捍卫历史》[3]。埃

1　Peter Novick, *That Noble Dream : The "Objectivity Question" and the American Historical Profession*, Cambridge: Cambridge University Press, 1988.

2　*Gendai Nihon shiso taikei, Yanagita Kunio*, ed. Masada katsumi, Tokyo: Chikuma shobo, 1965, pp. 283 - 284.

3　Richard Evans, *In Defense of History*, New York: Norton, 1999.

文斯想要改写先前 E. H. 卡尔（E. H. Carr，1961）异常成功的历史著作。受此欲望驱使，他考量着要把历史的实践从早先的虔诚和更为新近的"后现代"批判中解救出来。但是正如历史学家常被告诫的最好按照保持平衡的传统（就好像生活本身是平衡的）那样，埃文斯一边细致地从那些更年长的、如今或已过时（应该说，他们在著述时业已过时）的历史学者（大多为英国人）那里提取一些亘古的价值，一边收入了一些由"后现代派"提出的更为新近的深刻见解。我们必须感谢埃文斯再次让在 20 世纪 60 年代到 70 年代独独推崇这种历史书写的社会历史学者们的主张，那荒谬到现在看来近乎滑稽的主张安息。受到了来自他们所发现的、与软数据对立的硬数据新大陆的激励，社会历史学者庆贺自己把历史研究带入了（社会）科学领域。他们甚至自信地宣告，要应用新的量化方法和技术，以确保他们的数据看起来更硬。并且在不久的将来，历史学者，就像勒鲁瓦·拉迪里（LeRoy Ladurie）所希望的，也会被投入电脑编程者们的行列（他本可以为历史学家找到一个更受用的职业，比如管道工或是砌砖工）。如果现在已经很难想象此等主张怎会一度如此受到成年人重视，那么希望则消散得比安装抽水马桶或编写电脑程序还要迅速。

埃文斯没能意识到，书写社会史的工程所完全依靠的，是对于一个无名的、难言的社会概念的推定，而此推定毫无疑问源于一种几乎与此处所审视的社会形态（social formation）无关的社会理论，且就这一理论，历史学者必须

保持沉默以重建社会过往（social past）。我仅仅意指，社会
史的实践，尽管诉诸实证精神和硬数据，却是与一个被视为
虽有共识然不实际的社会概念绑定的。（当然我想起了塔尔科
特·帕森斯［Talcott Parsons］关于社会系统的幻想——美国
小镇之梦，它在 20 世纪 50 年代和 60 年代被广泛散布，直到
美国社会被认作一个远非先前所想的、有共识的整体。此外
还存在涉及其他民族性社会的恰当例子。）埃文斯用他对无名
规范性的忠诚抑制了实际在全域中、在历史上存在着的社会
的广泛多样性。而呼吁一个规范社会，是在 20 世纪 50 年代
和 60 年代的发展主义论者及现代主义理论家试着把外部的世
界——其称之为不结盟世界（unaligned world）——并入资本
主义叙述时共同使用的手法。

　　这种错误认知出现在一本用 200 页里的两页篇幅来叙述作
为外部世界的亚洲和非洲——整整两个大洲——且自谓新历史
的书里并不令人惊奇，而在同时，它亦慷慨地施以无限的篇幅
介绍了特里维廉（Trevelyan）、纳米尔（Namier）和埃尔顿
（Elton）等单独几名英国历史学者，以前这些学者在英国以外
几乎没有人读，如今各处亦无人会将其看作历史实践的范本。
埃文斯的潜在读者的身份和要求可能部分决定了其著作的不对
称性（不平衡性？）。但这还是背叛了他对于历史及历史研究以
何为重的信念。所以当有人肯定某些历史学者，并运用他们 17
或 18 世纪的地方史知识来表述整个世界的历史时，我们必须
质问，是怎样的历史，又是为谁书写的历史受到了推崇。埃文

斯贯彻这种自负，仅仅是想复兴一种意识形态：英国现状安
好，而其过往已然预示了如此美好的现状。特里维廉所谓的诗
意历史，与其说像是其后的后现代主义，不如说与贵族式的怀
旧情绪，或与如丁尼生（Tennyson）一般的帝国吟游拥有更多
共同点。而纳米尔强烈地否定作为构成行动的行为主体的理念
和意识形态——他认为它们与作为个人力量的渴望是对立的，
而这种否定在其自身对意识形态所持的狂热面前总是显得有些
无力，埃文斯对此却保持着奇怪的沉默。（当我还是一名学生
时，甚至在那之后多年，纳米尔这个名字都作为一个无懈可击
的权威被提及，这种权威的由来虽然从未被确认过，但是足可吓
住甚至麻痹任何一个愚蠢到严肃看待观念和意识形态的人。）最
终埃文斯转向利奥波德·冯·兰克（Leopold von Ranke），一名
并非英国的而是德国的历史最高权威人物。他转向兰克采纳文
献学的决定——重组已死的欧洲语言以了解涉及言语者的、史
前文明的"科学"，将其作为严谨治史的榜样。然而埃文斯从
来没有质疑过这一做法与其中使兰克及其科学"地方化"的背
景之间的关系。[1]

10　　　当埃文斯转向他的当下以对针对历史实践的"后现代主
义"批判进行评估时，他持续强化了以地方性知识替代普遍性

---

[1] 请务必参见沃洛希诺夫在其《马克思主义与语言哲学》中针对哲学展开的颇有洞见却
遭忽视的批评。这一著作作于 20 世纪 20 年代，已经认识到了语言学研究的基础在于
"关乎书面语言之遗体的考量"（第 71—73 页）。兰克史学亦如此。V. V. Voloshinov,
Marxism and the Philosophy of Language, trans. L. Majeska and I. R. Titunik, New
York: Seminar Press, 1973.

主张的手法。贯穿他的整本《辩护》（"Defense"），埃文斯回顾了诸如海登·怀特（Hayden White）、多米尼克·拉卡普拉（Dominic LaCapra）、哲学家弗兰克·安克斯密特（Frank Ankersmit）、英国人帕特里克·乔伊斯（Patrick Joyce）和基思·詹金斯（Keith Jenkins）等广为人知的后现代理论家们的主张，以及声讨这种话语的历史学者们的反应：他们提醒人们，德里达（Derridian）那文本之外别无他物的看法中蕴藏着"危险"。在最极端的谴责中，这种担忧已导致一种历史学意义上的恐怖，引发了"我们所知之历史"即将消失，而"事实和小说则无从区分"的警告。[1] 然而这些发出悲叹的历史学者们没能明白的是，那些他们所责难的后现代主义者们其实与之同属于那个他们认为正在被新理论视角所侵蚀的历史学俱乐部。值得注意的是，所有这些一般被认定为"后现代主义者"的人都深刻根植于对西方文化及其特定历史意识的辩护，而这种辩护，若不是学者忽略了自身所在地区的文化特性，是不可能如此充斥于文本之中的。一个不为埃文斯或其他批评者所注意到的后现代特征中的讽刺之处，则是那些理应更加深刻洞察的人，却和那些正非难俱乐部特权并批判着规则之消失的人一样，致力于维护那些特定的历史学遗产和惯例。

针对此话语，没有哪位理论家比历史学者海登·怀特更为重要。他的《元史学》（*Metahistory*），连同萨义德（Said）

1　Evans, *In Defense of History*, p. 82. 引劳伦斯·斯通（Laurence Stone）。

的《东方主义》(*Orientalism*)、詹明信（Fredric Jameson）的《政治无意识》(*Political Unconscious*) 一起，让我们回忆起特定历史关头的力量。这种力量不仅提供了审视历史、文化和政治的新方式，同等重要的是，它也将既有的惯例及方法降为不值得回溯的过去。（以这三部几乎同时面世的影响深远的文本为基础，便可写就一则关于当今美国文化研究界的很有意思的历史背景调查。）怀特的书，与萨义德就殖民事业中的知识与权力所作的开创性分析有相似之处，虽然没有如同《东方主义》在改变欧美研究及修订经典方面具有的影响力，但我相信至少它使历史学者们能进一步意识到自己现时的所做所为。相比较而言，先前的世代则因诉诸档案研究及兰克式的客观之梦所带来的希望，而自愿且轻易地忽略了这种自我意识。

再者理应注意的是，埃文斯没能联系起怀特及其时代背景。怀特的手法是，将文本去历史化以使其获得自然公正、科学严谨的外观，从而将其话语的形成过程定位在 20 世纪 50 年代和 60 年代初期盛行的科学艺术论争中（越南战争也改变了这一形成过程）。同样重要的，是意识到怀特著书的时间。当时，意识形态已被宣告终结，科学（甚至社会科学）的中立性及客观性已从虚假意识的扭曲中被解放出来。事实上，术语"意识形态"在 20 世纪 50 年代的社会科学研究中沾染的贬义联想，至今尚未消散。只有艺术，像是一种对于意识形态的无根据的主张，仍是虚构与虚妄的俘虏。这意味着，历史若想在这个摒弃了意识形态的无畏新世界中获得任何的可信度，就得同（社会）科学统一学科利益。隐藏在这种科学中立性与意识形态扭曲之争身后的，是冷战政治，是马克思主义（共产主义）向纯粹意识形态及曲解的变形，是资本主义和民主主义向多元主义及科学客观性的蜕变。

我们都受惠于怀特为历史学者们解答这个不可解问题的尝试。历史学者们业已确信学科的科学性基础，因而不曾就此深思，就想将历史的理论基础转向艺术与文学。而《元史学》则以强有力的一击粉碎了围绕科学之历史的所有虚假主张，包括其变形的产物、社会科学的历史、社会史所享有的特权，及其基于"硬"数据（数据积累和平均化）的科学严谨性和因对兰克及布克哈特（Burckhardt）时代所没有的新技术的应用而保有的自满。然而怀特一手粉碎它，另一手又回馈它。《元史学》以及大多紧随其后并作出拓展的"后现代主义者"的论争——就像埃文斯引用其批评时之所言、所列举——是一种严谨的科学论述，其中富含的结构主义及形式主义表现的语言和风格，取代了一种旨在展示历史同修辞、艺术和文学之间亲缘关系的表述。此外，怀特模拟科学外表的努力其本身，揭示了一种比起科学家而言，更多被分析派哲学家所持有的科学观。他对于艺术的构想亦依赖于贡布里希（Gombrich）对于现实主义的理解、肯尼斯·伯克（Kenneth Burke）将修辞简化为五种主要比喻的做法，以及一种与欧洲之外的语言毫无关系的语言学经验。

怀揣此番令人忧惧的技法，怀特展示出的，乃 19 世纪的经典历史叙事是如何按照现实主义小说的特性而非科学探究的模式被构建的。这些叙事的力量和说服力更多来自对于合乎传统的修辞方法的应用，即是说对于一个凌驾他者的主比喻的强调，而非依赖于其诞生时的历史背景——这一背景甚至没有出现在怀特的记述里。此举背后是罗兰·巴特（Roland Barthes）早期对历史学家诉诸想象中的参照性（referentiality）这一做法的摈弃，以及诺思洛普·弗莱（Northrop Frye）沉闷的新形式主义：其避开历史本身，而旨在用类称（generic categories）来装备文本分析（literary analysis），以识别书面文本的生成。弗莱真乃名副其实的新亚里士多德。就像弗莱，怀特贯彻了一种严谨的形式主义，极具讽刺性地把对艺术的阐述置于"科学性"的形式桎梏中。因此他似乎并不关心历史背景之层面，而更为关注能够决定叙事的情节布局（emplotment）的深层嵌入式修辞结构，毋论这些结构具有喜剧或悲剧等多种模式。

　　如果怀特是通过让历史生成显得科学来清偿甚至抵销科学之历史主张的失败，那么他同时也想借此解决糟糕的形而上学和政治中那些纠缠不休的问题。修辞策略及情节布局的不同，也会引出相应的不同政治或意识形态选择。但一种选择并不会逊于另一种，这便也意味着，在一种普遍却也已是残留之物的多元主义中缺席的背景力量正在加入《元史学》的出产，却从未承认并揭露其中一种已因越南战争而被问题化了的非政治性（apoliticality）。在一个能够自信宣告意识形态之终结（历史之终结则跟随其后）的世界里，对于艺术中不同意识形态的认同——一者与他者一样好——仅是对多元利益所保有的自由主义欲望的一种变形，而这种变形正是取得一致认同的必要基础。

如果埃文斯就像大多数对此类"后现代主义"进行批判的人，没能认识到《元史学》和一种特定背景的力量之间的关系，他就会像这些批判者一样，也难于解释为何这部作品是如此强烈地被怀疑看待。我记得我以前的同事，古典历史学家阿纳尔多·莫米利亚诺（Arnaldo Momigliano），曾沫星四溅地控诉这部书对"我们业已所知的"历史研究的致命威胁。然而恰恰相反，怀特的成就应被看作挽救了我们业已所知并实践了的历史。正因为他注重于历史文本形成过程中的形式范畴以及古典叙事出产的方式，如同萨义德为欧美研究开辟了一部新经典一样，所以他也得以为历史创作出一部经典。

尽管面临诸多指控，《元史学》实则再次确定了作为一种特定知识的自我主张的历史，其借以表达知识的叙事方式，仍与19 世纪现实主义小说相类。即使怀特愿意考虑新近的，甚至是替代性的历史构成模式，他也从来没有探讨过这些可能性，事实上也不曾对由本雅明构想出的既有模式表示认同。正如同弗莱和奥尔巴赫（Auerbach），本雅明有着极深的文学素养。但他设想了一种完全不同类型的历史，这种历史颠覆了对固定之过去的重视，颠覆了其许诺生产知识的惯例，而优待作为一个构建过去之条件的当下及经验。在他修正了的历史唯物主义中，本雅明将历史视为一种构建，认为历史的出产是一种读/写的行为，比马克

思主义者和非马克思主义者两方所持的历史主义（historicism）
的科学主张更具美学性和伦理性。

　　更为重要的是，怀特的《元史学》，如同大多数其"后现
代主义"追随者的书写一样，借助于一种在特定的西方现代性
标志中被生产出的、特别的历史文化才能，提供了关于历史
（"正如我们业已所知的那样"）认同的最为有力的辩护。这种特
定的西方现代性由资本主义与殖民主义共同缔造，而它们存续
的可能性，也依赖于持续保持"无外部世界存在"的状态。故
而重建西方之过去的实践，需要完全作为主体的叙事，而这种
叙事可以通过强调被排除在外的、不甚完整的另一种措辞的存
在而确保其自身万无一失。如此，相较于埃文斯那想要凭一己
之力反复重申由兰克定下的陈规旧调的做法——表现得就好像
他的"方法"和"理论"并不出产自一系列与特定时空密切相
关的境况似的，事实却并不如此。只是万幸，其所处的特定境
况已不再适用于我们，而怀特的《元史学》为历史实践做出的
辩护则要有说服力得多。

　　然而在另一方面，正因如此，我们必须将怀特的《元史
学》与萨义德的《东方主义》准确地联系起来。《元史学》再
次确认了一种完全的文化才能，以及一个誓将发掘历史知识的
主张。而通过揭示知识怎样被运用于抑制另一种措辞体验——
其被排除在从外部世界到内部欧美世界的各处之外，《东方主
义》试图削弱这一主张。通过使用形式主义的手法将历史背景
贬抑为关于古典叙事生产的叙述，怀特不仅使古典叙事经典

化，还确定了历史种种特定情节布局的叙事形态。历史背景的反射性（reflexivity）剥夺了叙事对于自身在历史上生产状况的叙述，然而怀特的历史则是一种避开了历史背景反射性的奇怪的"历史"。虽然怀特所论证的有不同故事线存在的可能性令人信服，可能场景的多元性却因其依存于由变幻莫测的选择作出决策的转向策略，以至于远不及连续主义者（continuist）的坚持，以及作为《元史学》真实影响的体现而由昔至今持续发展的运动——虽然其目的从未被知晓——来得重要。

　　也许如今是时候再度审视康德（Kant）在无意中发起的关于经验的那个卓越概念，它在 20 世纪第一次作为宗教及历史的经验被本雅明所认识，本雅明将其命名为弥赛亚（messianic）。这一经验中，每一种异议都突然爆发，以从过去挽救一种失去的正义。而这种爆发，则被当下——我们的此刻，以及其所暗示的所有事物视为至高无上的存在。因而弥赛亚反过来要求一段另一时代的历史的寻得，缘是这一历史能认 _15_ 识到当下的即时性，并探求作为"构建"（construct）一种过去的条件之一的历史"现实性"（actuality）的解释方法。同时被埃文斯及怀特以不同方式试图再次确认的习俗，提出了一个原则性的问题，即一种依赖于过去的稳定性及其产生历史知识的能力的信仰，这种历史知识可以揭示当下是如何从过去发展而来的，即使对于当下的视角必须脱离对于知识的探求。这一观念——或许无需赘言——至少在英格兰，是由对于连续性及信念的推测驱动的。当下仅有一个问题，即关于提供一个平台使历史学者得以回顾过去的问题。距离确保了公正性，除非非历史性（ahistoricity）其自身运用了从档案中提取历史的方法论。审视第二次世界大战后帝国如何崩溃是十分有意思的事，再现的精神遗产、去殖民化的鲜活梦魇、冷战、柏林墙的倒塌，以及发展迅猛的全球化，迄今为止还尚未动摇一种与过去的稳定性及奖赏尽职的历史研究者的承诺相关的历史实践的稳定性。然而，如果这些事件及其他种种要用强力推动任何事，那么其所行所想无疑就是所有事件的灾难性本质，以及将当下视为凌驾之存在的必要认知——所谓"可辨识之此刻"（now of recognizability），在所有对于过去的后续考量中皆是如此。

这一连串的事件生动表达的首先是当下的至高无上性，它迫使我们不囿于欧美历史的过去而看向那被抑制的外部世界。外部世界总是在那儿，如今它的存在却比以往任何时候都要明晰。它的出现不再被无限地延期，它也不再在站不住脚的转喻方法影响下由他者展现。这种转喻的方法放任那些 18 世纪英格兰的历史学者，或事实上任何具有本土化并具有地域性经验的历史学者们将其误认为世界。兰克的世界毕竟是一个小世界，虽然他声称其为普遍主义（universalism）的，但它还是被掩埋在了已在他的方法论及历史文本的生产中被打下烙印的一种特定的历史之下。勾勒出一种旨在拼凑业已消亡之语言的残片并将其作为重新构建事关过去之知识的科学的一项举动，坐实了米歇尔·德塞都（Michel DeCerteau）之后对于历史的

观察：历史与死亡有关。我也总是困惑，既然一个死去的客体 　16
注定永远无风无浪，为什么历史学者仍在"活着的生命"变为
死去的客体之际感到为其束缚。

　　这一事关被排除在外的外部世界之存在的假设，将一认知
论"基础"——这一基础给予那些拥有某类知识者以完全的主
观性——作为先决条件，它认同了西方世界与非西方世界两者
的区别，贬抑了后者，并通过一处特定的地缘政治场所确定了
现代性。然而除开其中"被认同"的认知论，这样的差别在文
化上作为特定的概念，多被用以建立并维持西方全体的虚构
性，或证明其"道德"优越性的正当性。这种"道德"优越性
通常以博爱的形式被表现出来，如今却已不再是理所应当的存
在了。既然西方不再被视作一个仅仅标示了缺席之他者并用其
消极性来为其下定义的地理概念，任何批评，实则是任何历史
实践，如今都不应被置于"西方"之内或之外。相较而言，如
今我们应该承认一种新安排，即不去管新文化形态间明显的历
史区别都在固有的现代性的时间性中被定位的惯例，而拥抱正
在各处发展并冀求被认作与"西方"共存之对应物的新文化形
态。在这一方面，后殖民理论，怀揣着成为一种认知论的强烈
愿望，虽然在过程中时时自相矛盾，但已然就新安排开始
行动。

　　在"可辨识之此刻"的基础上建立的历史并不是一种状
态，并不是持续进程中的一步，而更像是一幅"画面"
（tableau）、一种"呈现"（presentation），更像是对于失落的、

受到抑制的或是被排除在外的事物的恢复。就本雅明的历史性时间（historical time）作出思考，弗朗索瓦兹·普鲁斯特（Françoise Proust）提出了一则观点：因为想要恢复业已丢失或被掩埋之物的各种事件如同幻象一般出现，因为业已被历史驱逐而总想要叨扰当下的幻影纷至沓来，所以历史是幻觉的。[1]本尼迪克特·安德森（Benedict Anderson）在他的《比较的幽灵》（*The Specter of Comparison*）中，也警示了我们一种被排除在外的可能性的存在，这种可能性存在于欧洲之外的社会中，却暗示了帝国式的扩张，其现代形态因此也是经由资本输出及殖民主义的去疆界化（de-territorialization）被引入的。通过阅读何塞·黎刹（Jose Rizal）19 世纪末的小说《社会毒瘤》（*Noli me tangere*），安德森得以认识到马尼拉的花园是"怎样……笼罩在欧洲的姐妹花园形象的阴影之下的"。它们不复从即时性（immediacy）的视角被看待，而只能从一种既远又近的视角。小说家将这种重合命名为"比较的幽灵"[2]。对于安德森而言，考虑到要将东南亚重新置于当代研究的外部，重合效应使得同时考量欧洲与其外部世界并指示比较性视角的建立成为必须，而在比较性视角中，比较往往是萦绕于心且令人思忖的一点。如同所有此类幽灵般的来者，其披着比较形态的幻影出现是为了动摇内部世界——欧美文明，虽然最初是这一内部世界的存在使得比较变为可能。换言之，欧洲的现代性已铭

1　Proust，*L'Histoire*，p. 13.

2　Benedict Anderson，*The Specter of Comparison*，London：Verso，1998，p. 2.

刻上了比较的"阴影",虽然"原始状态"永远不能激活它的阴影来摧毁欧洲的现代性,但是现代性总是作出一副势将超越"原始状态"的姿态。[1]

安德森对于幽灵般来者之鉴定的言外之意,我以为,是社会中存在将现代性塑造为与欧美同时存在的更大的幽灵的做法,而其中的不同却被那些作为过去,那些作为尚未消亡且为参照的史前文化的亡灵、幽魂戏剧性地放大了。那些亡灵与幽魂,从存在于时间之外的某处归来,旨在缠住妨碍历史性的当下。这便是本雅明一度对于当下召唤过去所持有的认知。这也意味着,他承认过去与当下并不一定是连续的,反而是同时被产出的。正如伯格森(Bergson)曾经提出的那样,尽管现代性的过去总在当下的叙述中被遗忘,彼处(过去)和此处(当下)却是同时存在的。

在历史实践将一文化愿望作叙事化处理的欲望中,其所排除的,是自身与其外部世界的现代性的关系。外部世界的现代性同时享有由相同生产模式的能动力量所驱使的一个转换过程以及一种相同的时间性。这一历史幽灵,使得历史不再从一个能够产出历史知识的固定过去的设想出发被看待,毕竟这种设想只是先于欧洲当下对局势之掌握的过去而已。[18] 在现代这一时代,国家的过去的固定性主宰了历史实践。而相较而言,以当下的此刻作为开始,以这样的方式征求构建

---

1 Proust,*L'Histoire*,p. 10.

一段与过去相连的关系，以揭示另一种叙述的可能性——它以当下欲望建立的"例外"为基础发展形成——似乎是很重要的。此处并没有关于距离化、抽象化"公正性"的吁请，然而历史学者正趋向于对此种不真实表现出移情认同，就好像观察者与被观察者已为一体。旨在重新架构当下之过去的历史实践之中，所缺乏的正是当下本身，而被提出的只是作为历史性的当下及其展现自己的方式。正如我所暗示的，我们的当下——事实上是任何当下——不过是一个被我称为日常的、最小的统一体，它仅仅是组织起了现代性的经验。例如事件被篡改，例如接收到的意识解体是痕迹而非回忆，解体是一种毁灭性创伤的残余的"渣屑"而非一幅被勾勒出的图像。由此种种，最小统一体的经验总是变得不稳定，而构成了将此刻视为凌驾之存在的观念。且说这些残余的"渣屑"仍如同已故之人（或尚未死去之人）一般游荡——本雅明曾将其称为"非自主记忆"（involuntary memory），正如幽灵倘若不能被人铭记，便等待为自己复仇，这些记忆俟机回到未死之人当中，并搅乱他们的当下。

区分现代性的，是对于时间的意识，以及其将当下与"过去及当下"两者相连的方式。如果所有事件都是毁灭性的，所有事件都常常摧毁新地标，那么时间就不可能成功地将每一此刻与每一当下带离事件而置身事外。事实更倾向于认为，每一当下都是空白的，在其到来的瞬间，其中的含义便撤出了。[1] 因此废墟并不是时间的影响本身，而是受到时间流逝和"抛光"影响的事物的定界。成为废墟的历史地标，与事物的现代性处于相同的状态。所有的生产物出产之后便立刻堕为废墟，且鉴于其上的铭刻不是用已死语言书写，就是已难以辨认而不能揭示其一度所表之意，其含义便被固定下来而不再改变。所有的时间必然留有一条痕迹、一个记号、一方铭刻，因此其必有一处通往过去的指示。这并不是说所有时间都出产官方的记录、急就的纪念，甚至一段集体记忆之类。相反，所有集体的铭记，所有"自主的记忆"都是为了保护自身免于冲击——那些枪炮般被现代性发射出来的事件——而被制造出来的。通过将时间并入历史，传统达到了使粗糙边缘平坦、光滑，消除突然的开端，以及使历史生产自然化的目的。在历史性当下的表面之下的，是那些等待着重新出现并扰乱这一当下的幽灵和魅影。

既然对历史学者来说，一个事件的恰当名字为日期，那么这也暗示着事件那通报、表明并提示某事已经发生的时间性，意味着通过一个"表面"（face）将其置于可见的条理中。但是与这种方式的日期注明相称的，是一种时间的条理。为了让时间性变得清晰可辨，本雅明在《中央公园》（"Central Park"）中提及要给予日期一种"面相"（physiognomy），使得它们可以被赋予一种可见的条理——而这需要转向其空间中的必然结

1　Proust，*L'Histoire*，p. 19.

果，换言之，需要知道收容历史的日期及事件之地点。[1] 在现代性中，贯穿工业化及大型社会建立的时代、历史的地点，是城市，是扩张的工业区域，且地点所有的体验即为日常。因此，城市不再是广义上的乡野，而构成了当代的场景，构成了当下的此刻。这场景作为舞台，同时勾勒了日常的经验且提供了其被演绎的空间。它与那些在乡野、村庄的远古日常生活，甚至与被一种农村政治经济所围绕的前现代城市都极为不同。日常性的现代性是大街，是楼房，是新公共机构及其经常的变动，亦是不曾停止的、记录下相类的大小事件的公私间的相互关系。此后，现代工业技术被设置在城市中，并在和平时出产消费者用品，在战时出产毁灭性器具。日常性恰恰是无所不在的空间，毁坏了内部世界与外部世界的公认的双重性。正是在此空间之内，我们才得以定位历史实践。而且正是在城市之中，日常书写了自身的历史。

在接下来的章节中，我希望展现的，是大街、楼房及商店是如何一直为书写自身提供方法的，而其所提出的方法，又是怎样在欧洲及其外部，尤其在日本，被思想者及作家装配为一种日常性之概念化的。换言之，我并非想要提出一种涉及历史性关头的社会历史，或提出对于过去之瞬间的重新构建，而更想要提出一种关于记忆的文化历史（在弗朗索瓦·多斯

1　Walter Benjamin, "Central Park", trans. Lloyd Spencer, *New German Critique*, no. 34 (Winter, 1985), pp. 32 - 58.

[François Dosse] 的关于记忆的社会历史项目之后）。这种文化历史，比起事件的结构及其讲述，更关心的，是那些在其现身的瞬间使人回想起一种鲜活体验的历史所留下的痕迹。[1] 如果这接近于被我们称为思想史（intellectual history）的历史，那么至少它通过当下与一固定过去间的关系及其产出历史性知识的能力，在对重新构建的模型表现出的反对中显示出了很大的区别。多斯写道，"第一步是"，确认历史实践中必然的双层结构，

> （双层结构）基于距离设置的批评，确保了客观化及去神话化的至高无上性，跟随在此双层结构之后的，是又一个互补的时刻。如果没有这时刻，历史就会成为意义的回忆中纯粹异国情调的部分，旨在侵占多种沉淀——这些沉淀或是由先前的世代遗留下的意义，或是可能存在却又尚未确立的、用失败填满了过去的［体验］，抑或是历史之寂静。[2]

要达成这一切需要一个视角，使得当下与其构建过去的必要性、其能愿处于首要的地位。具体而言，此能愿即为愿意抛却一个"科学"模型之能愿。此模型又建立在机械因果律（mechanical causality）——其提倡通过时间链中距今最近的先

---

1 François Dosse,"Entre histoire et memoire：Une histoire sociale de la memoire",*Raison presente*，128 (4e trimestre) (1998)，pp. 5 - 24.
2 同上书，第 9 页。

前时间来鉴定结果之起因——的理论基础之上。[1]

　　由城市的日常性产出的符号需作为当下特定生活经验的象征及其历史区别被理解，符号就像一方"余像"（afterimage），一道一度被现实化了的事物留下的痕迹，且这痕迹也被当下以一种不同的构造再一次现实化。被证明是象征性体现的，是那些或重要或不重要的细节与客体，它们填充了空间并开拓了日常生活。如果齐格弗里德·克拉考尔（Siegfried Kracauer）和本雅明，甚至苏联的构成主义者鲍里斯·阿瓦托夫（Boris Arvatov）将事物的地点及经验奉为神圣，那么处于同期现代性之中的日本的同时代人，例如今和次郎，则将对事物的探讨转变为对客体的研究，并称其为"考今学"（modernology），而户坂润则主张哲学的日常化（quotidianization），以此能够重新思考唯物空间——城市——和时间的关系。思想者们，尤其是那些新涌现的工业劳动者，在现代的日常生活中所认知的，是阶级的经验，但同样重要的，是构成生活经验状态的细节与客体。有鉴于此，城市特别提供了思考并清点无数表示"被遗忘却难忘之含义"的符号的机会。那些符号，等候在那儿，如同将被"重新唤醒"的无言讽喻。[2]

　　日常性所象征的，是所有生活在其现实之下并阅读其写就之历史的人。这种象征，是此刻将待于当下的过去现实化的一

1　参见 François Dosse，"Entre histoire et memoire：Une histoire sociale de la memoire"，p. 13。

2　Proust，*L'Histoire*，p. 23.

种方式，并非处在已经达成"被遗忘却难忘"的境地。正如我
所构想的，日常性是一种忧虑的形态，一刻中止的时刻；它是
一瞬崭新的当下，一个"历史上的局面"，它粗暴地打断了传
统，中止了过去的路线及运动。然而如同昂利·列斐伏尔曾观
察得出的那样，勾勒日常生活的例行公事及变化模式是另一
种"拥有其秘密生活及其特有富饶之处"的存在。[1] 通过这样的方
式，日常性的此刻，如同户坂润所言，掌握了其现实性的证据
及力量，因而其能够现实化那些没有在当下被履行的承诺，并
揭示被批评及复兴的消极性所隐藏的可能性。现实化的举动需
要一种不同的手段——不同于以一种历史性的方法对待所见之
物的手段，而用一种伴有政治范畴的政治模式，即通过"可信
的历史性图像"来看待，是十分必要的。这种"可信的历史性
图像"，不仅是古老的，而且属于一种更为常例化的实践，甚
至是一种更为接近海德格尔（Heidegger）的"历史性"
（historicality）项目的存在。诉诸一种"政治模式"，意味着将
视角扎根于真实的视野之中。在这一意义上，历史不仅是回
忆，更是记得事物原先状态的记忆，是保证展示"真实发生"
之事的公正视野，是一种保护，甚至是档案。仍旧通过回忆来
确定历史的趋势，仅仅是一个单单梦着过去状况且独独渴望业 *22*
已来临之物的保守时代的符号。如果这一用语拥有任何意义，
那么被展望的历史必须一直作为当下的历史而存在。然而除非

---

1 Henri Lefebvre, *Critique of Everyday Life*, trans. John Moore, London: Verso, 1991, p. 87.

干预本身逼向了时间的紧要关头，并使得那些没有被履行却仍被传统所流传且被再次发现的承诺得以实现，它也才能成为被政治所驱使的历史。通过真实的当下的作用，时间又被毁灭，又被构建。如同普鲁斯特所言，"时间必须被重新阅读或更仔细地审视，这便是批评的任务"[1]。

　　本书的第一章将使某一亚洲社会研究——对于日本的研究——与第二次世界大战后发展起来的区域研究的现存制度框架相联系。其展示了区域研究是如何作为同谋，将外部世界置于外部的。我也试图想象，日常性如何更有效地承担文化研究候选人的身份，从而能够解决对于一个可见的内部世界及一个被抑制的外部世界的设想。第二章解释了日常性的内在性是如何通过多位 20 世纪初期的思想者而被概念化为一个作为分析之范畴的最小统一体的。第三章检验了在日本虽然以不同形式成对却在同一时刻出现的日常性的双重性。然而恰恰是在这一双重性中，由日本创造的"阴影"作为亡灵回归"起初"，并缠住了那些现代事物——其既提供了转变中的日本所采纳的模型，又通过将模型归因于殖民主义，或者一些仿效的形态及模仿的状态，而排除了其可行性。通过这一方式，欧美现代性的转调，反过来变为一种对它的批评。换言之，我们在这一具例中获得了两组双重性：一个属于尚未完成之过去的鬼魂的回归，旨在搅乱日本那时正在经历的现代日常的当下；另一个来

1　Proust，*L'Histoire*，p. 33.

自外部的亡魂的回归，旨在通过征求认同的批评的形式削弱欧美自身的现代性，并从其不可能如不死之人般生活的不定状态中解放出来。[1] 因为日本展现了被抑制的欧美之外的世界，是如何经历资本主义现代化而出产其日常性的自身经验，并使其充当欧洲自身主张的幻象及被其自身亡灵所再次探访的空间，*23* 我将其作为具例着重关注。虽然如此，我仍然相信，任何被现代性所转变的社会都会担任这样的角色。至于日本，将其成就的独特性特例化，则恰好是现代性冲击中的一种状况。

1　罗兰·巴特在其《符号帝国》(*Empire of Signs*) 中作出了颇具开创性的尝试，他借助日本的解构性角色反抗了西方的主观性，而其中的问题在于，他没有真正"倾听"那些在这一世纪的早些时候亲历了其现代化转变历程并发出批评的日本人的声音，而是为自身保留了宣讲的位置并道出了日本的不同。至于这一历程，以及日本人将其加以言说的方式，相关记载详见 H. D. Harootunian, *Overcome by Modernity：History，Culture and Community in Interwar Japan*，Princeton，NJ：Princeton University Press，2000。

第一章

追踪恐龙："全球主义"时代的区域研究

你在此和希特勒（Hitler）一起建立了了不起的事物……国家的这一地区的任何大学的任何学院，都不可能在不朝向你所在的方位——无论字面意义上还是象征意义的你的方位——点头示意的情况下说出希特勒的名字。这便是中心，便是毫无疑问的本源所在……这必定使你极为满意。大学，在国际范围内被认为是希特勒研究的产物。它有一个身份，一种成就感。你已经围绕这一形象发展出一整套系统，一个由无数下部结构及相互关联的研究领域所构成的结构，一段历史中的历史。我对于这一努力赞叹不已。这是精湛的、敏锐的，并且令人惊异地先发制人的。这便是我想同埃尔维斯（Elvis）一起做的事。

——唐·德里罗（Don DeLillo），《白噪音》（White Noise）

　　关于亚洲研究的经久不衰的讽刺之一，就是亚洲本身作为一个客体，根本就不存在。当地理学者和地图绘者曾经自信地命名地图上的一处，甚至煞有其事地指出其似乎真的存在的坐标值之时，被绘入地图的某处却从来只是一个无实质之物的幻影。它只指向自己，期待指向之外的某物会最终与其相符或与之一致。制图师们的艺术产生于一个古老的幻想，且二战的需求更强化了这种想象。虽然如此，只要我们想要追寻并理解客体，这一客体在此之前便会在眼前消失。而在这个国家内，我们仍有专业的组织旨在研究这一幻象，教育机构誓将散布关于这一幻象的知识。我总是觉得，一个像亚洲研究协会（Association of Asian Studies）那样的专业组织定期把专家召集到一起，是为了反复确认一个显然是幽灵的存在。这个专业组织对幽灵之存在是如此确信，以至于几年以前决定把"远东协会"（Far Eastern Association）改名为"亚洲研究协会"以标示出一方甚至更为广阔的领域，尽管这领域本身亦如幻影。[26]这些名字亦如同社会科学——地理学——一般毫无生气，并一度通过社会科学宣示其实在并命名其存在。这个组织努力维持其虚构之魅影的方法看上去似乎很是重要，然而它的组织运行方式同时使作为一个完整知识体的亚洲趋于消失。任何熟悉此组织的运作，或是浏览过其刊物或年会节目的人会立刻意识到，如果亚洲作为一个整体概念缺席，诸如东南亚、东亚或南亚等更为局部的地理单位也会被各地的单位所代表。若从更近处着眼便会发现，甚至是卫星的覆盖单位，也已经萎缩至民族国家的更小范畴。

虽然此组织的委员会是按地域划分，但是其会员和官员却起着换喻——替身——的作用，因为说到底，他们仅是某一民族国家，而非东北亚、南亚或亚洲内陆的专家。在每年的会议摘要靠近卷底的地方，总有一块被称作"地区间"（interarea）的部分，它与图书馆及教学分类配套，显示其位于"中间状态"的处境，并暗示了其中的权宜之计与事后思考。所言及的一切都表明了一种认知，即一个致力于研究亚洲的协会本身并不是一片"地区间"，而其实际上的本真使命是提炼并产出仅为地区间的知识。从来没有人质疑，将可供我们研究的地域唤作东方，是否为方位上的一种暴政。东方，可说是一个人从地理上的西方启程而最终到达的地方，意味着只局限于单一方向的移动。而这种在从东到西的缓慢移动中展现的对早期黑格尔主义的自由之旅的倒转，肯定了偏好西方之地的知性轨迹。因为西方那充分且完满的发展，它可以从这一处特权据点注视东方。但是我们真正意义上是从哪里启航的呢？哪里又是阐述的据点？

当我们试图辨明一个致力于亚洲的组织是如何制定"年度会议之专家组"的甄选准则之时便会体察到，除去对政治利益

的贯彻——一种一贯被否认的贯彻，其他的准则似乎都不能昭
示包括传统学科及民族社会范围在内的分散。专家组隶属于某 27
一学科或一个民族社会，在那里，文献被组织起来。几年前，
当初以检验区域研究为初旨而被提出的一个建议，即成立一个
由两方组成的专家组的提案，被甄选委员会简化为成立由单方
构成的专家组的做法。这种部署，暗示着组织的淡漠，甚至其
对自我反省的公然抗拒。1996 年的一次主席圆桌会议的日程被
设定为：讨论区域研究的业内处境，即其从未对其授权的认识
论及其委托的组织构架表现出细微兴趣的状态。而多方专家
组，在德川幕府时期的日本，于医学等晦涩难懂的学科领域
内，一度持续成型，就好像医学及其他更为冷门且专业化的学
科事实上是如此地引人入胜，学生们哪怕大排长龙也想获取新
知识。我总是怀疑，这种傲慢可追溯到组织想要显得"无关政
治"的初衷，并作用于压抑其显然由二战后的政治考量所产生
的政治性起源。而最近就区域研究处境而被明确表达出的这一
自我反省兴趣，其实源于那已被公认的模型的破产，也毫无疑
问受到了来自福特基金会（Ford Foundation）近期旨在资助重
新思索区域研究之努力，这一遍及 50 所大学的项目的鼓励。

　　在二战结束后不久，区域知识的机构一旦被固定下来，所
有被保留下来的，便是对横贯世界、变幻莫测的政治现实的间
歇性调整，以及对如何维持所认可的构架的讨论。这种焦虑体
现在国内外对于金钱的狂热索求之中，也成为那些被社会承认
的美国大学甚至英国大学的区域研究的主要思虑。

对于跨过行政/地缘政治及学科藩篱的抗拒——割裂的知识，仅仅意味着一种在社会科学及人文学科中占统治地位的传统的激励性准则——持续认可了一种亘久自明的双重性。这一双重性介于一个被提炼、被总结然而完满的西方个体，以及一个同样被提炼、被概括却不甚完满的东方个体之间。不过我们也能看出，这种拒绝不当干预认识论范畴及组织范畴的态度，正处于亚洲研究领域及其为成为区域研究模型而被制度化的过程的中心。战后50年，我们就好像正遭遇一名拒绝和解的敌人而不由自主地想要了解它以毁灭它，或试着与其共眠那样——以日本、中国及前苏联为例——依旧以此来组织知识。然而没有人会否认，这一持久的勤劳已在隶属于这些社会的人们身上产出了巨量的经验主义数据堆，这一成就已使这些区域免于被关于知识的新理论，以及可能终结自身隔离状态的分类所同化。这种自相矛盾甚至在我们从一处被标记为西方之地出发而去研究东方时就已然如此，我们——正如西方人那般——密谋阻止地球上的两方相遇，并置两方于黑格尔式自负的阴影下，即谓某一真实意义一旦离开其位于东方的据所以充分在西方揭示自身，它原先所在部分的世界与历史便不再有被言及的必要，也总是不完整的，除非它以其"他者"之自身的形象重塑了自身。我们就像早先世代的外国人，虽然明白其中不可解之处并不存在，但仍然寻求去洞察东方并阐明它的种种神秘，也从不将东方带回到我们启程的那个世界，以此确保东方仍然是那个东方。借此，我们保留了"种种神秘"并成为它们的守护人。或许如同勇敢的维克多·谢阁兰（Victor

Segalen),我们发现那里并不存在彼处,并不存在种种神秘可供观瞻或汇报,故而我们别无选择,只能通过隔离与孤立的方式来保留这一气氛。

这实际上是一种对于在大学中被研习的区域研究被纳入学术领域,而其支持者想要在一个更为文化无边界化的全球化世界中维系这一研究而采用的方式的恰当描述。那些在战后,起初作为一种将关于遥远外国的课程及语言纳入大学教学的便捷方式而被提出的施设,及时变成了一个巨大的机构,变得更像是一个对子公司具有严密控制并且垄断其制品的控股大公司——其制品即为对于特定区域的知识——而因此控制了其配给与消费。如同那些在二战期间急速搭建起来的临时据所,在紧随其后的未来可能会被更为永久性的居所所替代那样,区域研究也在履行其原旨及临时功能后,变为一个牢固的构架而得以继续存在。这一构架维护了某一区域知识的隔离状态,使其不能如同理所应当的那样融入总体的教学与课程当中。结果,区域研究业已成为困在琥珀中的片片化石,如今更总是表现得如同一只恐龙。它具有巨大躯体而持续不断地需要食物,但是它的小脑袋却不复能够控制它的移动。

虽然现如今,大学中代表区域研究的种种构架既成员完备又赞助丰富,知识层面上它们如同那些被军队征用到20世纪60年代、作为临时教室与办公室,而后被遗留在美国校园中的瓦楞制匡西特活动房屋,只是破旧不堪的茅舍。甚至在那些茅舍构架最终解体之后,我们仍然通过区域研究提醒自己另一个不同的世界的存在，一个于知识层面上展现大身体与小脑袋的恐龙的、侏罗纪公园般的世界。

二战后，区域研究项目的发展超出了战时的需要。是鲁思·本尼迪克特（Ruth Benedict）的《菊与刀》(*The Chrysanthemum and the Sword*)的读者，便会记得她的卷首致谢提到，此书是受美国战争信息局（Office of War Information）委托所作，且其目的是更好地了解我们正与之作战的敌人。[1] 与此相类似，大学中区域研究系统化的形成，也是一种旨在于冷战的新布局中重新定位敌人的大规模尝试。这种重新定位通过来自民间公司或诸如社会科学研究协会（Social Science Research Council）的学术机构的大量注资——公司与机构作为政府及民间赞助者的"权利经纪人"（"皮条客"或为更加恰当的描述）作出安排——或者通过生意，成为可能。这种介入并不仅仅局限于美国大学。洛克菲勒基金会（Rockefeller Foundation）为了认识法国的社会科学而投入了大量的资金，以此想要赋予法国一种新近的、更具科学性的社会科学，使其能够对抗马克思主义的主张。越战期间，福特基金会尽力支持京都大学的东南亚研究，并在印度及印度尼西亚保持多年的活跃状态。事实上，冷战通过在识别敌人和收集关于敌人的知识——或言情报——的任务之间建立一种更近的联结，轻易地便取代了战时习得敌方语言及风俗的必要性。

---

1 Ruth Benedict, *The Chrysanthemum and the Sword: Patterns of Japanese Culture*, New York: Riverside Press, 1946.

作为一块想要在大学中的学术行列末端找到其个体据点的领域，区域研究是对于战时发现的关于除开欧洲之外的大部分世界的可靠信息之缺乏的一个回答。在紧接着到来的战后时期，对于这种不足的认知，通过美国旨在重塑世界而采取的军事、政治与经济上的扩张行为，变得更为令人信服。强调这种新近的迫切性并授予其说服力的，是一些官方或半官方委员会在战后便立即公布的报告，这些报告呼吁快速设置多学科项目，将多种学科的专家聚集于项目之中来训练区域专家，使其能够基于针对特定区域的有根据且符合社会现状的知识，提供政治决策及商贸策略方面的建议。这种报告的模式描绘出了地区研究发展的特性并且——以日本为例，社会科学研究协会的职责被交付给了日本基金会以及日本文部省——已经成为监管甚至是审查的一种形态，之后我将就此作出详细论述。

密歇根大学的地理学家罗伯特·B.豪尔（Robert B. Hall）领衔社会科学研究协会的世界区域研究委员会，强调了一种"综合"的手段及对于时代性的至上推崇，这也暗示了对于历史文化的兴趣从此对于政府与商贸来说再无用途。[1] 此处理应回想的，是豪尔作为亚洲研究协会的会长及其成立者之一，随后又在密歇根大学建立了日本研究中心，并作为位于东京并赞助东亚秘密活动的亚洲基金会办公室主任最终走完了其职业生涯。受美国学术团体协会（American Council of Learned

---

1　Ravi Arvind Palat，"Fragmented Visions"，unpublished manuscript，University of Hawaii，n.d.，pp. 62 - 63.

Societies）资助的军队项目执行委员会（Commission on the Implications of Armed Services Programs）建议，把从军队语言学校的毕业生中招募而来、针对特定区域提供可靠知识的区域专家们编入机构编制。一致的利益，在民间基金会的活跃介入中得以早早显现。例如，洛克菲勒基金会对耶鲁大学的远东及俄罗斯研究领域的开辟、华盛顿大学的远东研究项目以及哥伦比亚大学的俄罗斯学社都作出了开创性的贡献。卡耐基基金会赠予哈佛大学 74 万美金以供其于 1947 年成立其俄罗斯研究中心，之后也给予密歇根大学几乎同样数额的赞助以供其开展日本研究。在 1953 年至 1966 年间，区域研究最主要的民间出资者为福特基金会，它向 34 所大学提供了超过 2.7 亿美金，同时也在 20 世纪 60 年代赞助了一些诸如普林斯顿大学"社会的现代化"与芝加哥大学"新国家计划"之类的项目。甚至当政府通过 1956 年的国防教育法以完成责任的交接之后，民间基金仍然支持已经立项的区域研究项目，并同时联合那些与外国政府及民间组织有所关联的海外基金会一同加入。

我应在此指出，区域研究项目的立项很有可能会"超出"学科的边界——割裂的知识的边界——而奉上对不同的社会敌对又综合的描述。然而由于区域研究形成于政治决策、服务于国家利益，且与如拉维·阿凡德·帕拉特（Ravi Arvand Palat）所言的"协议研究"形成了一种持续的紧密关系，所以这一研究永远不能从对于与其本来目的相关的知识的追求中解放自己。在 1970 年为社会科学研究协会所拟的一份报告中，原来任教于耶鲁大学的约翰·W. 豪尔（John W. Hall），将日本的区域研究项目及其有关人事描述为一种国家资源。[1] 越南战争期间，可被称为在美国的中国研究的最后一任皇帝的哈佛大学教授费正清（John K. Fairbank），反复重申一则工具主义的主题思想，即战争引起了美国人对于其对亚洲知之甚少之现实的重视，且政府与私人企业对于亚洲（中国）区域研究的支持是十分重要的。但这仅是对区域研究应该应对 1945 年后很快出现的冷战挑战的呼吁的一声已然力竭的回音。虽然如此，却恰恰是这种标示了区域研究——其对于本国、企业，甚至外国政府的效劳——的脑力劳动分割，阻止了关于区域内综合知识的讨论，反而鼓励了其继续被分割、持续碎片化。作为后续调查模板的豪尔的研究，其重要性反映在它预示了所有未来的努力，是将学术和教学方面的考虑转移到资助区域研究项目的问题上。

　　冷战期间的区域研究，成功地将研究范围所涉及的地区缩小到民族社会的范畴，例如中国、日本或韩国便能作为东亚的替代，墨西哥与巴西能作为拉丁美洲的替代，孟加拉则作为南亚的替代而被研究。除了诸如芝加哥大学旧版的新国家项目等为数不多的短命特例，贯穿冷战乃至冷战结束之后，社会科学研究协会及美国学术团体协会等资助机构以及大学教学研究项

1　Joint Committee on Japanese Studies, directed by John W. Hall, *Japanese Studies in the United States: A Report on the State of the Field—Present Resources and Future Needs*, New York: Social Science Research Council, 1970, p. 7.

目，都交由民族社会的各项方针组织规划。哪怕是新国家计划，也采用了国家的模型并将其当作必然发生的一部分。虽然社会科学研究协会最近警示道，现已进入"意识到"国际学术是如何以过去的公共政策、对外政策，及基金赞助者的优先权作为模板进行组织规划的时代，它的委员会遵循的却依然是国家模型；虽然最近的一份报告宣告了从国家到"一整套主题"的转变，但社会科学研究协会仍将为学术构想新模型的任务委派给了那些理应被逐步撤销的极具国家性的委员会。这种虚伪伴随着这样的一个事实，即社会科学研究协会，只有在"基金赞助者的优先权"有所改变且区域研究的资金不再流入金库的时候，才阶段性地呼吁改革与修正。[1] 如同黑格尔的猫头鹰，这些改革与修正总是起飞得太迟。

在紧接着到来的战后时代，对成立新区域研究的项目的呼吁揭示了被渴望的知识是为何物。威廉・芬顿（William Fenton）在其 1947 年的《美国大学中的区域研究》（"Area Studies in American Universities"）中观察得出，综合性研究的对应方法论成为一个新挑战。"若就当代文明采用实用的观点，"他写道，"就会使历史性方法在学术思考中占据的位置变得岌岌可危。"新近的实用方法通过"其潜伏的历史真实性专注于当下的状况，代替了从亚里士多德到现代为止长期不息的发展性课程"，而且"它也呼吁采用文化历史学的方法以

1　Stanley J. Hegenbothan, "Rethinking International Scholarship", *SSRC Items*, 48, nos. 2 - 3 (June-September 1994), pp. 33 - 40.

发展文明中的重要主题，在过去中足够深刻地展开，只为使 ³³
当下可被理解"。[1] 最后，这成了一齐抛却历史的一个邀请，
就如同 20 世纪 50 年代和 60 年代时实用主义的社会科学所明
确需要的那样。虽然更为老派的社会科学关注文化互动及个
性形成——以终战后的本尼迪克特与许烺光（Francis Hsu）
为例——同时也伴随着对消除历史的长久持续性乃至历史特
性的提倡，它却不能算是充分揭示了变化与发展的过程。这
一过程对于冷战那为了赢得自由且不结盟之世界的倾心与其
赞同而制定的政治策略来说是十分重要的。确实，曾经，提
供使一个社会得以改变的力量是不可能的，因此老派的社会
科学才冒险使现代的社会群体以等同于其石器时代先辈的面
貌出现。

　　因为这一认识论的无力，所以另一种能够解释发展与变化
之不同的社会科学，尤其是可以提供不同于马克思主义冲突模
型与革命性变化观念的社会科学，是被需要的。而结构功能主
义则重申社会达尔文主义中适者生存和进化发展的观点，并将
其改造为一个被称为"现代化与收敛理论"的发展导出模型，
提出了一种新的社会科学。最终同时作为发展的代表与解救方
法被提出的，是一个关于发展的进化论模型。与革命性的模型
相反，一旦被采纳，它将把未来引向资本主义的和平发展，并

1　William N. Fenton，*Area Studies in American Universities：For the Commission on the Implications of Armed Services Educational Programs*，Washington，DC：American Council of Learned Societies，1947，pp. 81 - 82.

可能迎来不结盟世界的民主。甚至在今天,《纽约时报》还时常作出相关的报道。例如 1997 年 3 月 9 日周日,《纽约时报》援引克林顿总统的前经济顾问劳拉·丹德雷德·泰森(Laura D'Andrea Tyson)之言:美国政治,是将资本主义的发展作为基础并受其作用的,而很有可能,中国的中产阶级也将"以法律法规为基础兴起一场持久的演变,把国家引向一个更为公开、民主且以市场为导向的系统"。

　　这一理论称其处于一个规范的状态却更多地呈现其理想化的方面,几乎不能反映出任何理应作为其基础存在的可供辨识的美国社会。其缘起于塔尔科特·帕森斯的固有理论的形成,及马里恩·利维(Marion Levy)那经常令人想起过分复杂的绘画而非对于特定社会系统分析的、不适用之应用。其知识的理论依附于一些典型的理想化的特征:社会作为被协调组织的系统,它的子系统是相互依存并建立在历史发展(分为现代与传统)所作出的决定之上的(在这一子系统中,现代性意味着理性、科学性、世俗化与西方;而历史学上,现代化即是进化)。最后,由于现代化的成功,传统社会便要经受适应性的升级。[1] 现代化理论先与马克思主义,后与后殖民主义话语分享了它的拒绝:它拒绝承认现代性作为一种特定的文化形态,也不认可它作为一种对于已经度过的历史性时间具有的意识。历史性的时间基于多种社会力量及惯例而变得不同,那些力量

1　Jeffery Alexander,*Fin de Siècle Social Theory*,London:Verso,1995,p. 11.

与惯例又对地域与时间的经验持有同样的依赖。

　　在 20 世纪 50—60 年代及 70 年代早期,这种策略几乎主宰了涉及区域研究的研究议题,而同时它仍在政治考量方面具有统治性地位,哪怕冷战正式结束之后依然如此。在这一以越南战争为代表事件的时代,它取得的最为突出的成功即以日本的案例及国际模型的独一性为代表。现代化理论,比起证实一个如同东亚的异质地区之存在,似乎能更容易地确立民族社会范畴的有效性。它也展示了一个如同日本的国家是如何成功地再次产出那些模型,而印度、土耳其等其他国家却不能如此。正因如此,日本的政治措施一直被视作为了资本主义发展而作出民主的职务代行的代表,而事实上,这些措施是受那旨在管理资本主义而非任由市场"自由竞争"的单一政党所驱使的。日本必须展现一种避免冲突与矛盾的叙事,以使传统价值观能够适应新近的急迫要求,并作为理性的施行者有所表现。值得注意的是,划定国家的范畴是为了替代区域或地区的概念,而旨在展现一个协调的东亚的努力,需要一个宗教或一种伦理协调地与资本主义融合而产生的联合力量(其通常被称为"亚洲价值观"),且这种力量,既危害了情报交换,又滥用了想象。国际或伦理之转喻的影响,似乎已转而施加在了后殖民理论研 ³⁵ 究之上,例如在此研究中,孟加拉便代表了次大陆。

　　现代化理论的一个作用,便是将规范的变形为叙述的,将理性的变形为真实的,将或许应该的变形为理应那样的,正如前驻日大使,埃德温 • O. 瑞肖尔(Edwin O. Reischauer)在

20 世纪 60 年代早期面向日本听众的多场演讲中所提到的那样。[1] 这一针对日本等社会的研究策略的后果，是其阻拦了更新理论方法（对于知识与力量更为敏感，能够认知到殖民经历，诸如此类）的输入，以捍卫被自然化的种种作为经验主义研究象征的表现。根据现代化理论，日本因此成为一个抗拒更新理论方法的、筑城自封的飞地（enclave）。事实上，日本作为一个现代化国家的"成功"已超出了其所规划的预期，以至于如同瑞肖尔很早便不停告知听众的那样，日本事实上与其他亚洲国家不同，而更接近于它所努力仿效的西方社会。因此，日本作为地域，从未显现出太多"证实"这一地域的倾向，无论理论上还是方法论上皆是如此。[2] 这一地域，其自身却从未质疑一块叫作"日本"的"地域"所对应的概念化身份，而更倾向于服务于国家利益，首先是为美国的国家利益，其次是为日本的国家利益效劳。尤其社会科学研究协会等组织以及日本基金会，它们或许会遵循"尖端"方法论，而业已确定的，则是国家委员会构架会指导它们各自的活动（分配基金并掌控研究）。它们作为其伪称誓将推广的特定几种理论及方法论之创新的唯一的监护者，并作为实则反对此种创新的警觉护卫犬，为国家利益贡献力量。日本基金会及其他组织非但没有鼓励不同的知识及知识议题更大范围地融合，反而倚仗着国家委员会

1　参见 H. D. Harootunian, "Aimai na shiruetto" (2), *Misuzu*, 441, no. 5 (May, 1998), pp. 78 - 79。

2　Palat, "Fragmented Visions", p. 23.

构架及其对既定地区观念的支持,分隔并驱散了它们。以日本为例,小心守护某一区域特定观点的捍卫举措,是与那些强调"规范性"主张的机构与组织的构架(例如给团体或研究分配资金的委员会的构成)的再生产相匹配的。正是于此,针对处于区域研究关键中心之理论的消极性愿望被定义且受到了抑制。

如果对于社会科学研究协会近期所称的关于区域研究的模型不再具有可操作性的主张感到很难正视,那么,去相信这样一个计划——把履行几个造成问题的委员会所需要的变化作为其合宜的职责——就变得更加困难了。在此提及的最坏后果,便是那些新理论及方法论的手段会被气势汹汹地遣散,因为它们可能会损害日本所指代的表现,也会扰乱受到社会科学研究协会、日本基金会等组织,以及日本教育部和位于京都的日本文化研究中心等长期协议资助的相关研究。我建议这些组织及其他固步自封的机构,应该努力对日本及其被研究教学的方式维持一种特定的(非批判性的)观念。这一观念与公共机构的构架,以及资助的来源都有关联。同样代表了庞大项目利益的人,也会或多或少地仿效日本式的"终身雇佣制"的古老惯例,并且在不同国家及双边委员会分配资金之际坐等良久。有一段时间,这一封建的解决办法对于掩饰其操作运作没有作出丝毫的努力,而仅仅将同样的表面带往了同样的窗口前。

撇开那些涉及大型公共机构与财政因素、鼓励通过国家的眼睛展开区域研究的劝诱不说,作为一类范畴的国家通常决定了人们会如何研究它。许多出于个人原因（传教关联、业务经验，迟发的或幼儿期的洋化倾向）而转向某项研究的人通常用经验主义的、"科学"的权威性的外表遮蔽其中情绪化的连接。例如那些在战后竞相研究日本的美国先辈们所致力展现的，国家的历史如何揭露理性的规则（但几年前就在休假中了），以及现代化的体验与美国的事例是多么相像。（在这一计划中，学者受到了来自美国军事行业经验的援助，这种经验将日本视为一个实验社会民主的社会实验室，也将其看作一个极好的工具作业的机会，由此美式经验就能移除它的缺陷而得到提升。）现代化研究的工作投射出了这一野望，而福特基金会则赞助了这一野望，从而将先前的敌人变为朋友及贸易伙伴。

　　而且这一计划也掩饰，或说错误认知了日本在结束美国占领状态后的半殖民状态（它已遗忘日本的法西斯主义及其作为殖民者的近代历史）。后续的教学及研究揭示了这一变形的后果，即日本虽然与法西斯主义有短暂结合，却仍几乎复制了资本主义及民主西方的发展。当日美在贸易方面的伙伴关系在20世纪70年代开始崩溃时，对日美关系表现乐观的批评家遭到了痛斥，被讽为日本佬。斥责者通常是专业的日本学家，彼时的他们通过保留已被经验所否定的认知的尝试，无心背叛了自己那小心翼翼隐藏起来的、至少要维系一"乐观"说法的底线。

　　挑战与应对的范式似乎主宰了中国研究（事实上费正清和他的私人学生队伍重新提出了旧时汤因比〔Toynbeean〕的概

念),它见证了中国,类似于其他非欧美社会,因为那些通常被消极地描述为"无科学发展"及"无资本主义发展"的倒退的机构及知识传统,试图回应西方而又屡次失败。其早期对于南亚的呈现(被纳入通常被称为"帝国研究"的范围内),轻易且热切地忽略了殖民主义,并将印度所有的后殖民主义问题归结到针对宗教与过剩人口中的旧势力而发起的新兴民主,就好像次大陆从来不曾被殖民过一样。事关南亚,针对此地的手段似乎仍然笼罩在黑格尔对于印度生活之消极性作出的模糊评价之下。

如果专业的日本学家和研究领域之间的联系相较于其他区域研究显得更为突出且坚定,我相信,这是得益于本土知识的大量生产及其引出的标示着日本自身现代性的自觉意识。然而这种本土知识的增进也是一种行业的缺陷,长期困扰着针对欧美之外世界其他部分的研究,且尤其是亚洲研究。地区利益是由多种外来事物的混合所驱动的,无论这种混合的成分如何变动,总是如此。地区利益也受到缩短此处与彼处间的距离,即言受到来自对于近距离之渴望的驱动,受到差异之承诺的驱动。我第一次前往日本旅游时,遭遇了各色通过对事物再一次的识别来满足其异国情调幻想或情色幻想的美国人。他们或被称为沉迷的汉字行家(那些人满怀狂热,只要大脑能够记得下便尽可能多地学习汉字,尤其是那些有着多笔画的汉字),或在头上戴着篮子,带着饭碗,仿佛自己是游历的佛教朝圣者。我们或许能将这种阐释学的策略称作皮埃尔·洛蒂效应

(Pierre Loti effect)，而其作为一种通过服装与表演来接触另一物的方式，是很容易被辨识出来的。在这之后，只有引起识别的客体本身发生了变化。（最近的一个例子，便是一名美国男性在日本作短期停留后就以艺伎的视角写出了一本小说，而斯皮尔伯格［Spielberg］甚至计划将其改编为电影！）在中国，则曾经存在"帮手"——一种已经消失的教会职业，以及面对日本侵略的中国人民那貌似真实而其实未必的无能为力。之后有一段时间，这成了革命中的浪漫因素。在日本，当然有来自美国占领政策的遗赠和对于日美伙伴关系的浪漫化，它们重构了一个自由且繁荣的日本。许多战后的日本专家都来自传教士家庭或者军事语言学校，其他人则将占领视作一个殖民的机遇。这使得日本获得了一个特别的地位，且这种独特性被发展成了项目，项目中的受训者总是被要求前往日本以开展实地考察。

　　当我还是一名研习历史的研究生时，我对于日本作为一块供人们展开实地考察的园地——哪怕其目的是档案而非人种研究——却被如此展现之事感到十分困惑。人们一般不是下放至园地，便是从那儿归来。即使如此，人们却不像如今那些动不动就好像在"园地"执行任务、穿着全套香蕉共和国品牌衣物的新闻记者那样重视衣着。但是我知道，在人们所学习并研究的法国、意大利和英国的乡村，评价的标准是相同的，而日本、亚洲以及非洲，它们却仅仅是园地，一个需要观察记录，甚至在某些事例中需要介入的地域。或许这种对于园地的感觉，揭示了这些区域与殖民无意识（colonial unconscious）之 ³⁹ 间更深层次的关系。当那些需要被观察并代表的"当地人"占据了空间之时，这种关系依然向这些区域逼近。此番园地与乡村间的区别，同时暗示了物理上与比喻上的距离，且标示着现代与前现代间边界之时间性的存在。作为一名学生，尽管我们都存在于当下的时间之中，却仍被鼓励要把时间花在园地里来观察属于一种不同时间性的社会。这是一种西方的当下，却依照"现代"的计时而成立。其最为重要的影响，是将园地分为内部的、当地的等几类，以及将我们分为来自外部世界的访问者，和寻求可供贯通的入口以掌握一般无从获取的当地知识之秘密的外来者。

　　自负能将一方地区变形为一块"园地"，是很长时间以来在人类学家与人种学家中成为惯例的风俗，他们将园地看作实验室的一个代码；而如今它对历史学者、政治科学家、社会学家与文学专业学生来说，也成为一件寻常事。学生们信服地将日本、中国（在那时中国尚且不对美国开放，而美国只能以台湾与香港为替代）、印度与东南亚视作人种学研究的现场，他们也被要求学习集中的语言课程，并体验在当地人中生活。这两个条件曾被认为——且仍被认为——是对理论与方法论非常充分的替代或置换，事实上，它们被视为对两者实际可行的对等代换。此外，战争结束后，日本研究的受训者们便开始经常性地与那些可以同时作为当地的消息提供者，以及在他们远离"园地"时成为园地经验替代者的女子们成婚。如果说此行为通常构成了某种重大仪式，那么它也标志着其与日本的趋同，并在此后阻碍了对其作出批判的可能。我还想提及的一点是，这样的一种婚姻关系通常是单向的，仅仅是男人迎娶日本妻子。

40　　　这一关系解释了一种扎根于深层的阐释学，这一阐释学总是许诺要推广引起同感的即时性以及利害密切相关之感，并将其作为研究日本，或可能据我猜想，也是研究亚洲的最为恰当且正统的模型。正是因为如此，阐释的重点被放在了翻译之上，而翻译显然提供了对明白无误的现实的访问权限。这一认识论的假设背叛了它对自己的激进信仰，即对只有本地人才能站在本地人的立场思考这一信仰，所持有的自负。（我记得自己曾被日本学者告诫，我是永远不能真正理解日本的文化或语言的，而文化与语言又被认为是可以互换的。虽然鉴于某些歪打正着的原因，他们或许是正确的，但是这一控诉预判道，只有完全明白无误的知识才是通往真实的唯一条件，而这种知识的获取其实是完全站不住脚，甚至是不可能的！）同样值得铭记在心的，是这种针对阐释学的观念。它建立在对于园地经验（或应称其为"野外工作时间"）的尊崇，以及对精通并能密切感受本土或接近本土语言的"渴望"的基础之上，并且同时标示了展开某地域研究的方法，以及用理论的实践构建研究及学术日程的尝试受到阻碍的情况。人们已经放弃了这一尝试，甚至在诸如《日本研究期刊》(*Journal of Japanese Studies*)、《哈佛亚洲研究学刊》(*Harvard Journal of*

Asiatic Studies)、《日本纪念文集》(*Monumenta Nipponica*) 等 "园地"期刊中通知其被废止的决定。

谴责恐怖主义,现已成为这类园地期刊的主要职责之一。期刊仅仅表现得像臭名昭著的监护者,监视那些仅可被描述为当地知识及当地概念的真实性,就好像当地经验在任何地方——日本自然更不待言——都仍然对于来自现代性那许诺消除所有被一般认作参照的文化的威胁保持免疫。确实,那些旨在研究日本、中国等单一国家,或一度被"东方主义"学者视为更广阔区域的园地期刊有其特有的坚持。这种坚持证实了一种长期惯例,即它们把研究从自身作为其中一部分的世界中移除出来,并持续隔离那些可能会使这些"园地"不复为少数民族聚居区的新理论及新方法。甚至那些并没有获得本地人资格的人们,也有着对于本土知识的诉求,且这一诉求承诺,将保留即时性中所含有的、能够拒绝所有斡旋的意义。保罗·寇恩(Paul Cohen)先前对于中国中心主义的中国历史的呼吁(这一主张的确是在西方被宣示的)便再度确认了这种愿望。[1] 如果说这一未明确说明的阐释学的主张,反对了说明本土知识与本土经验之权威的理论,那么它也迫 *41* 使它的拥护者重申其对本地的虔诚,令其心甘情愿地作为外国代笔人,向其祖国的男男女女诠释本土知识的种种事实,并如实地传达从文化权威的本土土壤中产出的口述内容。这

1　Paul A. Cohen, *Discovering History in China*, New York: Columbia University Press, 1983.

一呼吁，如今仍盛行于日本，乃至中国、南亚等区域，却和欧洲、拉丁美洲等地域公认的研究传统形成了鲜明的对比，而后者所涉及的地域则在地理上及文化上都更为贴近我国的国家经验。不幸的是，乔纳森·卡勒（Jonathan Culler）最近却呼吁，欧洲研究应该与这些区域研究的模型及其知识理论并列，从而将教学与研究重新包装为分离的国家研究。此举一度被西奥多·阿多诺（Theodor Adorno）描述为物化之物化，因为国家单位以及关于它的研究所用的多学科手段这两者，均仅在物化一系列早已丧失其授权意志的惯例时获得了成功。

作为一种模型，区域研究业已出产了关于知识的一套理论，而且在一个本地人不再处于外部世界的世界之中，其将本土经验的权力与权威作为基础的惯例，正如曾经所想，却也更进一步地服从于我们在日常生活中的每时每刻均会遭遇的相同的政治经济进程及构架。这种西方与非西方之间的区分，以及那被特许在现代性及一个特定地区之间作出的具有地缘政治性的识别是一种西方的概念，它一贯被用来确立并维持西方的团结及其优越性，如今却不再能被认为是理所当然的。既然西方不再被认为是一个构建非西方世界的、占统治地位的地理概念，那么，如今任何批评都不应被置于"西方"的内部或其外部。它们更应该被定位为内在并置于现代性的时间性之中，这一时间性采取了种种仍在昔日的非西方世界中不断发展，且于今成为辩证冲突之起因的新文化形态。[1] 而由于区域研究的惯例对于支持本土知识持有强迫性的渴望,它甘愿冒风险,哪怕近期需要更多的努力,以将身份与文化差异提升到作为想要继承区域研究的文化研究之真正使命的地位。可是作为一种认识,区域研究在历史上一度寻求将关于母国的研究与其关于移民或流散者的变体分隔开来,这可以说是该行动的讽刺之处的根源。

此类对"园地"表达支持的样板所引发的最重要后果,便是防止了其实践者将实践园地本身看作一则知识生产的客体,以及将自己视为实地考察的专家。作为替代,它反而依赖于对于本土知识自然而然的认同和对于文化俗语的熟稔,并将其视为对于理论方面自我反省的十分充分的替代。但这种单纯的愿望,而非一种方法,却将消除作为区域研究真正继承者的后殖民主义研究理论与方法的空缺作为目标,已令人十二万分地满意。这番考量也将协力解释日本专家们对理论与批评所表现出的强烈敌意,以及其持续抗拒理论与批评的原因。

至今为止,就区域研究为何依赖于民族社会单位的同时,却引人注目地被孤立于其他能够确认自我实现表现之有效性的研究、教学范畴与探究园地之外这一问题,我已经作出了考量。更进一步来说,在试图孤立其知识与表现的渴望之中,

---

1 参见 Peter Osborne, *The Politics of Time*, London: Verso, 1995, p. 18;又见 Naoki Sakai, "Modernity and Its Critique: The Problem of Universalism and Particularism", in Masao Miyoshi and H. D. Harootunian, eds., *Postmodernism and Japan*, Durham, NC: Duke University Press, 1989, p. 106。

区域研究忽略了自身与扎根于社会科学及人文深层的民族中心主义之间的同谋关系。[1] 对"园地"开展的周期性调查有效地维护了园地本身的身份，并赋予了它在对人事、课程与机构的概述中不曾存在的定义。社会科学研究协会发起这些调查，通常被认为就像仅仅在维持一个监视系统。最近数年，日本基金会及其他日本政府机构也已经接管了给这些调查的资金援助。

在最近一次获得日本基金会支持的调查中，调查组织者中的一员不带一丝讽刺地报告道，不同于中国研究，日本研究在自我反省方面达到了一个"显著"的程度。而这种自我反省，仅部分起源于"金钱资助之外的可能性"，同样也部分起源于一种明确的认知，援引研究日本社会的社会学家 R. P. 多尔（R. P. Dore）之言，即为"区域的专家获取他们所研究区域的特性"。"如同我们的日本人同伴，"报告中继续谈道，"作为日本专家的美国人也习得了系统地收集信息与远程规划的习惯。"[2] 我希望日本在规划这一方面的天赋并不囊括地震、在地铁中发动毒气攻击，以及在政治与经济方面涉及无能与犯罪的腐败等情况。对于身份的表达属于一个较老的模型，这一模型在园地中收集信息，而这一园地，正如我们回忆起的那样，起源于日本对美国来说还"无意义"的时代。如果日本研究在战后的几十年内仍是无意义的——正如我已解释的那样，其实我

1　Palat，"Fragmented Visions"，p. 34.

2　*International House of Japan Bulletin*，13，no. 1 (Winter，1993)，p. 1.

并不相信它是无意义的——那是因为日本研究拒绝将目光投向伴随其展开而来的使命，以及对其最为有用的表现之外的任何地方。意想不到的讽刺之处便是，正当区域研究因为不能——其实从未能——就我们所占据并势必努力理解的世界有所解释或与之沟通而被放弃之时，根据此报告，如今的日本研究却被相信是有意义的。

当这一周期性的调查构成了监管的象征，并定期巩固其"园地"身份之时，它也呼吁对负责再生产的更大型机构以及由基金所扮演的主要角色予以关注。社会科学研究协会发表的第一批报告中，在日本研究联合委员会的指引下，来自"园地"且施予"园地"的资金成为最早出现也是最为紧要的重点。豪尔的报告，正如其之后被贴上的标签所示，旨在表现位于美国的日本研究，在从终战到 20 世纪 70 年代所经历的发展中实现的极大跨越。这种跨越作为某一势头存在的证据，见证它仅在鉴别并选定了可信、稳定的基金来源之后才能得以维系。[1] 而豪尔在 20 世纪 70 年代发表的报告，及其后继者的报告中最为惹人注目的，则是某种尝试的缺乏，即没有明确表达一种或可证明资金优先化之正当性的新近的，甚至有所不同的知识与教学视野。

顺应这一建议，对现金的索取同时转向了日本的公共来源与民间来源。一代"占领军成员"、老日本专家，以及死去

1　Joint Committee, *Japanese Studies*, pp. 32, 36.

的传教士之子，乃至更多人，都想同时从日本的民间与公共资助人那里筹集资金以赞助位于美国的日本研究。这一策略通常突破了区域研究的小世界，而抵达其外部世界以鼓励商学校、科学机构如麻省理工学院，以及法学院去寻求哪怕实际与日本研究并不相关、却与日本有着千丝万缕联系的席位捐赠。因此，这种区域研究支持者间的争夺，并不十分关心或过分质问如何为构建亚洲的知识并教学这一更为艰巨的任务找到新出路以对其能有彻底的理解，而只是从任何心甘情愿、无论国内海外的资助者那里获得资金，从而弥补其对理论上自我表达的抗拒。这一乍看之下对无尽资金资源颇为疯狂的追求，通常与那些早期探险者、考古学家的活动相类。探险者与考古学家们总是尝试去寻求充足的资本——只要再多一处考古发掘，或许就可以完成一幅天真的实证主义式样的全景。当然他们也知道，自己只应该忙于回到发掘地并在那儿作无限期的停留。对于资金的狂热寻求，其背后真正的意图，绝非迎合任何教学或认识，而仅可能是维持区域研究的构架并维持仅可被描述为一只其头部不再能支持其身体的恐龙的存在。

　　管理者与协作的学术机关使我们想起，大学通常声称自己正从某一外国政府处收取资金以开展研究，且通常与资助者相关的权术无关而保持中立。然而这一解释，与最近总统与民主党全国委员会宣称经济馈赠并不会影响政策的说法一样，是缺乏说服力的。区域研究很少参与到需要巨大资本支出的联合研究项目中（最近唯一著名的例外是密歇根大学的乡村日本项目），而且正在进行的独立研究之类，在将来也不会接受来自外国政府的巨额资金捐助。普林斯顿大学最近从土耳其政府处获得的资金，展示了其中所牵涉的风险——从外国政府处获得资金，却要以抹除亚美尼亚种族灭绝（在如今被入时地称为"种族清洗"）的历史为代价——也表现了外国资助者的期望与美国大学管理者甘愿与之共谋的行为之间的一种可预见的关系。加州大学伯克利分校时刻表现出以蒋经国——在他历任多职的生涯中，曾为前台湾秘密警察头 45 领——之名命名图书馆的意图，而这仅是在重复芝加哥大学先前于 20 世纪 60 年代早期接受 200 万美元并迅速返还之后，仍用巴列维（Pahlevi）家族之名命名一个机构的疯狂行为。

虽然对于资金的探求表面上是为了维持区域研究的构架、知识与课程，此举也仍是其首要的行业特征，但是这同样强化了对于吸收新文化策略的抵抗——而那些文化政策能够解决被资金指向的研究所过分驱使的方法中所蕴含的缺陷。这一蕴含缺陷的方法只能够以一个研究项目的形式，复原那拥有自身起源却一度失落的历史世界。然而当更为新颖的区域研究许诺就如何将当地体验融入更大的世界这一理解找到更为多产的新方法时，它或许也通过使我们意识到那些模型——它们使得研究者能够再一次将批评的角色与本地体验作为那些分享了同样时间性的更大进程之中屈折变化着的具例来看待——从而帮助恢复民族社会间的关联性。文化研究的重要性，在于一种把知识当作生产的认知——其完全被区域研究所忽略——这种认知需要放弃一度被路易·阿尔都塞（Louis Althusser）称为"即时所见的镜像杜撰"之物。如果区域研究采取一种由与知识敌对之观念所驱使的策略——正如日本对日本学家而言表现得具有如此吸引力那样——并强调持久的文化价值（"核心价值"）与政治经济规范性，那么它所使用的方法也将建立在一种常被错认为跨学科主义（interdisciplinarism）的多学科主义（multidisciplinarism）之上。大多数的区域研究项目仍擅自全面覆盖，即言其只想借助对所有学科的陈设，以确保对其所研究的地域的全面涉猎。这也意味着，只有在对所有学科都作出解释之后，理解一处作为整体的区域才成为可能。然而只要学科各部像鸭子一样排列成队并陈述它们那偏向一方的事实，这一为了理解全部的方式而做出的假设便至今不曾被质疑。不同于被质疑的结局，这一策略实则推进了对于信息的系统化收集，并且其最终将反映一个不变的现实，而非鼓励一种通过从读写的行为中产出知识而成为可能的批判的惯例。一则从未被区域研究所言及的事实，是其掌控者的状态。借此它出产某一区域或地域的特别知识，以服务于国家利益，无论这一利益是为国防，还是为跨国公司。

46

　　与之形成对比的，是更为新近的文化研究试图同时与整体论，以及支持一种持续将知识转化为权力与主宰方法的、关于核心价值的考量决裂的尝试。当其旨在与学科的边界决裂以更好地检验权力中心与其迁移习性时，更为新近的文化研究却并不总能成功地取代那先前已出现且丧失了信用的多学科主义。与之相反，这种过分的福柯哲学理论，在哪里都能找到力量与抵抗的机遇。此理论总是引起一些人就抵抗作出毫无节制的声张，虽然他们既无权又脆弱，或者作为消费者，当他们购买商品或转换频道时，常表现得仿佛在行使代理权一般。对于文化差异作出的仅有的阐述及其指向的关乎身份的主张，虽然通常象征着政治的消失，但有时经由某一重要政治法案的形式而被表现出来。建立在对文化差异所作阐述的基础之上的身份政治，与政治性身份——相较于依靠对差别的宣称，其更注重对于相等性的认知——并不相同。

　　然而，上述所有都是对一个能够指引实践者的方法的巨大提升。获得提升之前的方法，指引实践者去获取其所在研究园地之特性，而不用考量侵入、居住及"夺走"他者的主体意味着什么。因为更为新近的文化研究所贯彻的，不是福柯哲学那想要在各处、却又不在特定一处找到权力的愿望，便是哈贝马斯对设置某一似乎尚未有人定居的公共领域的依赖，所以它冒着与在早先区域研究方法中已被标示的那样的不情不愿的风险，将特定结构中的权力和主宰，与资本主义及国家所扮演的角色联系在了一起。如果说早先的区域研究能够推广伪装成发展诀窍的描述，而旨在将资本主义及其价值体系输出到第三世界并借此打败第二世界（以开放市场等）

的话，那么新文化研究通常冒着同样的风险集中于微技术，并通过权力模糊的所在及其所处之地的变更，取代国家与资本之所在。此外，新文化研究有时也会沦为失控的"全球化"，以及为其跨越界限的倾向而摇旗呐喊的支持者角色。它通过强调权力、权力之式微与分裂的主观性并记录其接续的传播来完成角色的使命，就好像这一行动是一个关于社会秩序的、业已存在的无名观念自然而然所持有的职责，哪怕它的实践者拒绝接受全体。在最近一次的尝试中，我们试图想象"全球化"的进程以对本地的事物作出解释，所见的却是通常在另一语域作为现代化理论的进一步阐明而显现的内容。这一新现代化理论，以贝纳通品牌宣扬其名为联合色彩的品牌个性般的方式，热烈地颂扬文化差异，却没能认识到多重身份之生产与全球资本主义倾向的共存，以至于破坏了所有"痴迷于微小差异的自恋癖"所处的固定地位。

　　最终，我们持有由后殖民主义理论，及其对试图解释殖民者与被殖民者、宗主国与殖民地，以及年代顺序排列与认识论之间复杂关系的渴望所许下的承诺。对此首先要提到的是英国文学研究，只要意识到公认经典的范围是过于狭隘的，且能够为20世纪70年代及其之后被招募的、扩大了的研究生大军提供研究空间的、未经校订的文本实在太过稀少，它就被此意识赋予了一个延续生命的新机会。在某种程度上，区域研究错过了第一个可供其抓住的机遇。那是萨义德在他的《东方主义》中的论述，即区域研究对地域知识的习得，是由对于殖民主义在权力和知识上的考量及殖民主义所促成的。萨义德想要——
我相信这种尝试是正确的——使区域研究的惯例与殖民主义的
论述达成同化，这也使区域研究产生了解释殖民者与被殖民
者、宗主国与殖民地、内部世界与外部世界，以及一个由西方
帝国主义的强力所赋形的世界，与弗朗茨·法农（Frantz
Fanon）那通常被遗忘的、即言霸权文化也会殖民思想这一观
察之间关系的愿望。

　　至于在此提及的意义重大却被放过的机遇，很重要的一
点是区域研究对萨义德那策略性的观察所表现出的冷漠，这
意味着其仍受困于自己的飞地范围之内。重新考量欧洲之外
作为第三世界被认知之地域的任务，被转交给了英国研究与
人文学科。这一行为将文本置于社会科学本身及政治经济所
扮演的角色之上，尽管后者与更古老的学科一样专注于文化。
我们应该赞许这种对被统治的、边缘化的两者都（无可见于
更为古老，且在科学性上更为"中立"的区域研究之中）持
有的敏感性，我们也应该赞同法农悲哀地认识到的"文化模
式已被解雇"的现实，或至少是其被解雇的前提条件，即
"社会全貌已被摧毁，价值被藐视、碾碎并清空"。[1] 就这一点
而言，后殖民理论作出保证，要作出一个关乎作为知识的欧洲
中心主义观点的批评。现代性开始以来，主宰的统治与权力便
将一些人置于边缘而迫使其保持沉默，后殖民理论也要为这些

_48_

1　Frantz Fanon，*Toward the African Revolution*，New York：Grove Press，1967，p. 33.

至今仍被排除在外的人们奉上一个供其在边缘发出自己声音的公开讨论机会——这些保证如今被再次读解为殖民主义，实际上后殖民主义的所为是对区域研究的真正继承，而区域研究则是其发生的背景。然而对于被排除在外的声音的找寻却引向了对真实性的无用追求，并恢复了其希望淘汰的、倡导主权主体的欧洲中心主义主张。从这层意义上来说，这揭示了此种找寻本身在历史上的短视，它合乎逻辑地不能看到特定的殖民主义冲突视野之外的地方——那就是，英属印度——也揭示了此种找寻在殖民主义的转折点之后占据某一立场之时仍持有的崇古的错误观念。

这一历史在别处拥有更长持续时间的观念，提出了以日本人为首的实例。其所经历的不同种类的殖民化、去疆界化的体验，与其说是如何丧失文化参照的实例——虽然日本人并没有失去任何领土——不如说是象征着殖民化与资本主义现代化之间的关系。资本主义，被战时的日本看成一个影响了社会每一部分的整体化的进程。而后殖民主义最近试图将殖民经历理论化，其间，历史经验对于理解殖民的某段经历来又说是很重要的。举例来说，如果要查阅一段事实上与印度的英国殖民法则属于同一时期的历史，而暂且不提非洲或东南亚的情况下，想象被帕沙·查特吉（Partha Chaterjee）定义为一种能够展现被殖民者的——用他令人难忘的话来说，而不仅只是"现代性的消费者"的——"反殖民主义民族主义"的存在是不可能

的。[1]　查特吉暗示了一个信念——其他那些坚持要见证作为反 49
殖民主义宝库的未被玷污的自治文化之存在的人们，也与其
共享此信念——印度的那些失势者，似乎已经无意识地复原
了捷尔吉·卢卡奇（Georg Lukacs）因为无产阶级所涉及的体
力、非脑力劳动而一度在他们之中所倾注的非物化空间。通
过这样的行动，后殖民主义理论的拥护者错误地认知了对于
资本主义与其普遍主义主张之间的界定。某种程度上，他们
是将同质性融入了普遍主义之中。正如皮埃尔·维拉（Pierre
Vilar）提示我们的那样，其中的意义为：鉴于资本主义建立
了一套关于全球范围内社会相互依存的系统化的联系，并最
终使其包围了非资本主义社会，资本主义可以说是"诞生自
殖民主义与全球市场"并随后"普遍化"了历史。有鉴于此，
资本主义得以确立度量标准——世界时间，它由一个"同时
存在的单一全球空间"所出产，而这一空间本身的行为与活
动，又服从于一种单一的、可供计量的年代顺序排列。然而
因为不同的社会惯例仍然处于这一抽象方法的外部，所以资

1　Partha Chaterjee, *The Nation and Its Fragments : Colonial and Postcolonial Histories* ,
　　Princeton，NJ：Princeton University Press，1993，p. 5. 理应指出的是，查特吉在时
　　间线上活在后殖民时代，寻求使"移民迁徙"免遭损失，寻求夺回关乎内部生活的
　　优先权利，毕竟这些权利并不受到来自（由殖民引发的）国家主义与现代资本的有
　　害影响。这一策略使人想起了事关社会性的日本人的讨论，尤其是那些，在战争之
　　间的讨论。它们被建构出来，是为了逃离行动性的当下。在这样的当下之中，为了
　　一段正统却又不甚明确，且早于资本主义现代化的过去，社会性的日本人亲历了资
　　本主义现代化的历程。借助确实性的魔力，一众思想家与作家相信，他们能够将其
　　所处当下的贱价金属变为纯金，变作不为历史动摇的永恒经验。

本主义仍没有获得"统一的"历史。[1]

　　日本不同于中国与印度，它没有真正地被殖民过。而日本人之间的不同，与中国人之间及印度人之间的不同，却又都十分具有启发性。因为它们用一种类似于查特吉对于一种未被玷污的反殖民主义之民族主义的叙述回应了自己所处的状态，构建了扎根于本土文化模型的首要性及真实性之中的文化虚构，彻底改造了先前被法农称为被摒弃、被掏空了的作为参照的文化。对于后殖民主义理论来说，成为一种可靠的反殖民主义文化之民族主义的象征且未被西方世界所破坏的，是对日本人、中国人、印度人、法国人、德国人，以及意大利人而言不能一致简化的模式。这一模式事关现代主义批评，批判由资本主义现代化及寻求查明历史差异的需要所引起的破坏。这一对本土文化的呼吁，事实上是资本主义现代性及现代主义意识形态纲领的特别标志，而并非对它们的一种抗拒。一种怪异的、过时的、鬼魂般的反复，从不得已扰乱过去与当下——即处于当下的过去——间稳定界限之物的残余之中突然冒出。这一显露表明了这些社会事实上是"现代性的消费者"，因为似乎除了去疆界化的资本财富和去疆界化劳动者的劳动力以外，没有其他选择。这一甚至在殖民地中都不受资本主义影响而发出的、对于诸如此类独立存在着的资源的呼吁，是不值得"钻研"的虚构想象，正如法农在很

50

1　Pierre Vilar, "Marxist History, History in the Making: Towards a Dialogue with Althusser", in G. Elliott, ed., *Althusser: A Critical Reader*, Oxford: Blackwell, 1994, pp. 10 - 43.

久之前所认识到的那样:"民族文化不是民俗,也不是相信自身能够发现民族真实天性的抽象的民粹主义。它由天生如此的日常表现那惰性的残余构成,也就是说,民族那始终存在的真实性与日常表现之间的联系正在日渐疏远。"[1]

当当代后殖民理论颂扬建立在一种作为纯正本土文化保护主义(nativism)——即为其未受玷污的内在性本质——的象征而被树立的未污损态度之上的反殖民主义之民族主义,且反殖民主义之民族主义被看作一种未被"现代性消费"辨识出的抗拒形态之际,我相信,这样的颂扬,无意中重振了日本现代主义者就两次世界大战之间的资本主义文化作出的回应。然而这种被雷蒙德·威廉斯(Raymond Williams)称为"反对现代性的现代主义者们"的反复,如今是带着差异和否认才出现的。通过了解真实性在更早时候的映射——在殖民主义时期的映射,现代主义者自身变成了寻求者,寻求真实的、内部的、未受损害之处,寻求无意的"去资本主义的资本主义"思慕者,乃至寻求这一思慕的姿态在政治上所暗示的所有事物。此外,这一对文化真实性追求的回归,回过头来与更为早先的区域研究项目想要站在本地立场的愿望,一起构成了一种平衡与对称。

而更堪忧的是,后殖民主义在理论化的过程中,常常滑入一种势必存在的矛盾态度与犹豫情绪之中。霍米·巴巴(Homi Bhabha)和佳亚特里·斯皮瓦克(Gayatri Spivak)以

1　Frantz Fanon, *The Wretched of the Earth*, New York: Grove Press, 1968, p. 233.

为，这种态度与情绪源自想要在方法论上利用在启蒙时代关乎理性的话语中根深蒂固的分裂及矛盾的愿望。[1] 虽然这样的策略旨在让读者产生动摇，并使其放弃相信关于认识论之确切性的保证——因为这一保证是一则回避了意识与经验的批评——但是不同于法农与萨义德所展现的事例，这一策略是为谁所设，以及对其阐述的定位，依然是难以得知答案的问题。通过对以殖民主义经验及其引发的后果为标志的部分重新分类，它创设了一个相较于其先前被作为笑柄却仍然高举的两极性而言，不再多产却也免于受到本质主义（essentialism）控诉的二元状态。

我们能够在霍米·巴巴为了解释殖民者与被殖民者之间的遭遇并表现其复杂性而构建的范畴内，认识到这种二元状态正在发挥作用。尽管巴巴正确地展现了殖民者与被殖民者之间的关系，并未将其简单视为霸权话语代表他者的实例，也表达出这一关系中所充斥的焦虑感及劣化的可能性，但这一遭遇中所涉及的关系，仍然表露了被重塑为教学与工作表现的自我与他者。虽然后殖民主义理论通过引出占主宰地位的构架策略，帮助恢复了一种历史，其作为一种斡旋，亦能够道出被旧策略所

1　Robert Young, *White Mythologies*, London: Routledge, 1990, p. 174. 杨等人提出，霍米·巴巴与佳亚特里·斯皮瓦克通过"盘剥"理性主义自身内部的不确定性而寻求批评，萨义德与法农则由经验与意识出发。在她近期的著作《后殖民主义理性批评》(*Critique of Postcolonial Reason*) 当中，斯皮瓦克探求这一议题，却不幸使之饱受她所具有的自我中断与频繁自我参照偏好此两者之苦。随机抽选任意书页，其中指称"我"的代词的平均数暗示了，她的批评，相较于其既已承认的而言，更应归因于经验与意识。

遗漏的差异，但由于这种历史本身的二元表达方式的流传，它总是漠视史实（或言彻底地基于史实？），且盲目地面对那些由其想要补偿的无声的、被排除在外的边缘人所经历并体验的时间与空间的差异。

殖民者与被殖民者的年代顺序排列并不总是一致的。尽管两者都发生在同一时期，英国统治下的孟加拉地区与日本统治下的朝鲜，在时间与空间上都是不同的，而对于亚洲与非洲进行殖民统治的形态也有很大的区分。想要注意到这些形态，需要对特定的政治史及经济史持有一丝敏感，而后殖民主义理论却很少，甚至从未言及这一点。只有历史展现了这些差异的广泛性，并帮助我们避开了后殖民主义理论通过单调的刻板模式出产的本质主义及例外主义（exceptionalism）。在其想要避开资本主义的全球力量的愿望中——资本主义全球力量可说是另一种西方叙事——后殖民主义理论将刻板模式、整体论、对真实性的幻想，以及一种既没有被殖民主义时期蔓延的思想、也没有被资本主义的渗透力所玷污的反殖民主义之民族主义折价出卖，以实现它的期望。它不停歇地从文化本质主义移向一套尚不明确的社会系统。虽然最近通过呼吁认可法农的权威性而使分析他者心理的行为获得可信度的尝试时或可见，但被殖民者或仍要努力抗拒霸权文化。毕竟霸权文化在文化层面上确定了精神分析的构成框架对其具有的特殊意义，而这一精神分析的构成框架又掌握了那一套尚不明确的社会系统的主体。尽管如此，且这一系统以殖民主义命名，系统本身却并不一定是殖民主义的。在这样的踌躇中，如阿吉兹·阿罕默德（Aijaz Ahmad）所言，后殖民主义理论业已"变得超越历史而常常现身，并总是处于融入世界各个地区的进程当中，于是每个人迟早都会享受到优待……同时变成殖民者、被殖民者并从属于后殖民主义"，后殖民主义理论"消除所有历史间的分歧，于是我们便可以自由地着手于千段可见的微观史中的任何一部分。鉴于它们都相当于同一事物，这一行为又多少有些任意，有些随性"。[1] 我们可以采用转喻例（霍米·巴巴所言两种恋物癖比喻中的一种）的力量使孟加拉得以代表整个亚洲，或者事实上，代表整个殖民主义世界。不过倘若真至于此，后殖民主义理论就仅仅是以一个不同的名义带入了资本主义叙事。齐泽克（Žižek）将其称为"去资本主义的资本主义"，也就是说，其为不具有社会分工的资本主义，是在混合中形成的世界的一个乌托邦模型。

在这一由后殖民主义理论履行的、无尽的解构般的减法中余留下来的，于我而言，似乎是一种最近作为人权问题之回答而存在的、无伤大雅的"文化着眼点"。如今，其最初引起的如同溅起的水花般的理论轰动已渐趋于水洼般的状态，研究者们找到了处于其无尽的自我参照之外部的理论与批评，而后殖民性或也会回归其所处区域研究之中

---

1 Aijaz Ahmad, "Postcolonialism: What's in a Name?", in Roman DeLaCampa, E. Ann Kaplan, and Michael Sprinker, eds., *Late Imperial Culture*, London: Verso, 1995, p. 31.

的开始阶段，并将此作为为丰富两者而踏出的一步。这或许意味着逐渐通过后殖民性的认识论主张而将达成理解，也意味着后殖民性通过其独创的按照时间顺序排列的特性，一如以后殖民主义为先而以殖民主义为后，重新绕回其认识论。通过回归其早期位于区域研究的起源，后殖民性或能追回那一个时刻：彼时看待第三世界视角的出发点，通常是其被殖民的过去，而不一定是在此之后其意外的继承——这便是后殖民性为去殖民化业已付出的显著代价。这一再次联合，或许会给后殖民性带来关乎不均等的政治经济与文化发展的记忆，以及一则提示，提示了资本主义，以及被称为首要去疆界化力量及限制叙事之决定因素的现代性，即资本主义世俗的历史整体化过程的有力存在。借助同样的手段，后殖民性或会将一段渴望理论的记忆——这一记忆在早期因为人们仅为筹集资金而非为征求想法而作出的争夺，受到了抑制——融入濒临崩溃的区域研究之中。这一融合的趋势所指向的，是后殖民性在对记忆发起 53 的行动中将会被如何重新塑造，而非其面对一种年代顺序排列，或面对假扮为例外主义或无名的社会理论的批判之时的表现。毕竟那些无名的社会理论只会帮助我们辨别，最近那些主张是旨在区分记忆与历史，还是旨在恢复其自身的知识惯例与经验。

　　在这一纪念的举动之外，我们大可期待一名文化研究的新候选人，其或将历史掩盖于处在资本主义现代性及其变形的更

大内在构架之内的日常性的形势之下。这样的研究会将我们的
注意力重新引向贯穿全球的资本主义的角色之上，而非一味鼓
励或抑制资本主义，并警示我们，毫无疑问地作为当代历史组
成物生产的首要力量之一的商品形态，其体系与日常性的经验
之间的关系。这样的考量也会使得位于美英的文化研究的最近
惯例，在其重新出产其理应克服的某些程度上的欧美中心主义
的职责以外，做出进一步冒险。[1] 或许正如齐泽克所言，是时
候"复苏马克思主义的深刻见解：'去疆界化'削弱了所有固
定的社会身份，而资本则是'去疆界化'的首要力量，构想
出了'晚期资本主义'的概念。在'晚期资本主义'时期，
传统意义上的意识形态立场的固定性……成为了日常生活中
不受约束的商品化的一大阻碍"[2]。齐泽克的观察类似于德勒
兹（DeLeuze）及瓜塔里（Guattari）早先的提示（《反俄狄浦
斯》［*Anti-Oedipus*］），即资本主义构成了殖民主义的决定
性原动力。

　　这些实论中颇为重要的是，我们的注意力被再次引向殖民
主义中资本主义所扮演的角色之上，用齐泽克的话来说，我们

1　L. Grossberg, C. Nelson, and P. A. Treicher, eds., *Cultural Studies*, New York: Routledge, 1992, p. 476. 米根·莫里斯（Meagen Morris）正确地注意到了，在一卷详陈文化研究、篇幅超过 700 页的论卷当中，亚洲、非洲与拉丁美洲的很大一部分都处在缺位的状态中。事实上，令人惊奇的是，一本具有如此尺寸和规制的论卷，一本致力于天主教文化研究承诺的大书，若不是赫拉克勒斯（Herculean）缔造的壮举，又怎么可能贯穿始终，如此无视这一理应为新"学科"所占据的世界？

2　Slavoj Žižek, *Tarrying with the Negative*, Durham, NC: Duke University Press, 1993, p. 216.

重新注意到了日常性经验与商品化进程之间的关系。在这一联系当中，甚至霍米·巴巴都标注了"划时代"和"日常"以作区分（回应了昂利·列斐伏尔早期对"例外"与"日常"的配对），"日常"与"划时代"断绝了交往，以求在"话语'阐述'般地现身"之际商定关于现代的含义。正是在这样的间歇，他提出了"暂时性休止"（a temporal caesura）的概念。这一休止分隔出现代性的"划时代'事件'"，并将其作为进程之连续性及日常之时代性的象征。[1] 尽管划时代的事件仅仅是命名教学的另一种方式，日常却变为述行，变为一块"时间牌"，甚至变为一场无尽的抢座位游戏中的可移动家具，证明了一个缺失的社会系统在其运作中表现出的作用与功能。霍米·巴巴也认为，"述行"之力量的"变形构架"导入了另一种混合。但在此处，正如在别处，这一混合仅仅掩饰了一种使日常有别于其他而更为有害、消极的不均等情况。也就是说，混合性的实现，即一种"介于两者之间"状态的实现，隐藏了正被杂交的元素的混合，因而对摆平被殖民与未被殖民的日常之间不均等的经验有所贡献。

　　日常生活涉及已经历之现实的经验，而这些经验标示着工业资本主义的出现与扩张，以及工业资本主义在其被树立的所有地方都营造相似环境的倾向。日常生活拥有令人印象深刻，或许绝无仅有的证明依据，能够证明它所处的十字路口处，有

1　Homi Bhabha，*The Location of Culture*，London：Routledge，1994，pp. 242, 245.

处于我们同一时代历史关头中心的四场知识运动：马克思主义、超现实主义、存在主义（尤其是其现象学角度）与文化研究。[1] 我无意将日常的观念描述得如同米歇尔·德塞都在《日常生活实践》（*The Practice of Everyday Life*）中展望的那般模样。虽然这一观念在如今渗入了文化研究的诸多事项，德塞都却从未逃离书中第三部分的开放视角，即从相当于世界贸易中心大厦的高度俯瞰纽约，并使得日常的地貌以一处没有生命且被废弃之空间的形象出现，而此种形象的现身又不时被有权者的策略与失势者的战术间的无尽循环所打断。这一观念同样遵照一种无名的功能主义社会观念，其允许对形态表达抗拒，只要这种形态在缓和冲突中所出现的暴行之际起到如同安全阀般的作用，并能够确保社会秩序得到维护。我也无意使人想起从为昂利·列斐伏尔所怀疑的远古时期开始便存在于历史中的日常，毕竟生活的散文与生活的诗篇在彼时仍是相同的事物。

55   因为与资本主义及划时代的现代性出现前的日常生活有所不同，日常性第一位且最为重要的身份，是一个世俗的历史概念，一种时间性，而并不是一块地缘政治的空间，因为直到最近——直到日本与其他社会发起了资本主义现代化的种种项目——日本等社会中的现代性才与北美及西欧的一致。在这一情况下，日常性构建了一种文化形态，它与现代性贡献了资本主义的经验，因而与之成为同时代的存在。这一文化形态与现

---

1 该理念来自 Osborne, *The Politics of Time*, p. 190。

代性也均为时间范畴，两者从各自的历史形态出发，引申出了自身更为明晰的重要性。现代性在此被表现为一种新事物，而日常性则被视为持久的当下，虽然不尽完整，但"位于重复的两种形态的交点：在自然中占主宰地位的循环式，以及在所谓'理性'的进程中占主宰地位的直线性之间的交点"。对昂利·列斐伏尔来说，日常包括了循环、日与夜、季节与收获、休憩与活动等，它也需要工作与消费的重复进行。而在现代性中，工作与消费"掩盖"并摧毁了循环。虽然重复的单调是可以预见的，但是所有的事物都会改变，尤其当监管着既定淘汰进程的"被控制消费的官僚主义社会"手握控制权之时，更是如此。列斐伏尔一度区分了每一天与所经历的日子——这两者之后被称为现代性与日常。前者指向全球构架或"整体"，由工作、休闲、家庭生活与私人生活构成全部，却总是被其历史性的、循环的、变动且无常的原始状态所标示。后者通过数不尽的、个体的、偶得的方式折射出这一经验，借此表明了日常是如何与之相遇的。日常生活与现代性"加冕"并"隐藏"了他者，或说"揭示又遮蔽了它"。"日常生活，"列斐伏尔接着说道，"是一众无意义的事物聚合在这一概念中而形成的复合物。它回应了现代性并与之相称，作为符号的化合物，使我们的社会表达并证明了自身，也塑造了社会一部分的意识形态。"[1]

其实，"每日发生之事，以及现代的标示与遮蔽，彼此证

1　Henri Lefebvre, *Everyday Life in the Modern World*, New Brunswick, NJ: Transactions Publishers, 1994, p. 24.

明了对方的正当性，又相互抗衡"。这便是所谓"记忆的谜团截取生成的理论"赖以发生的空间。[1] 根据彼得·奥斯本（Peter Osborne）所言，列斐伏尔相信，当下的不完整是一种被要求持续的状态，同时也是一种"不完全的去历史化"。这一"不完全的去历史化"借助再度使经验历史化的"潜能"，为日常提供了场所。[2] 再者，这一日常生活的空间也允许我们去协调全球与本土、节律与惯例间的关系。这些节律与惯例，在资本主义传播到的各处，以及在或为真实的，或为本地的持续体验的调停之处被再次出产。就此一点而言，日常或许如同巴赫金（Bakhtian）的时空体（chronotope）般运作，并迫使我们去衡量，当社会经历资本主义现代化的进程之时，时间与空间的相异关系。"每一天，"如列斐伏尔所言，"因而是最普遍也是最特殊的情境，最具社会意义又最为个体化，最为明显又隐藏得最好。"它如同齐美尔观察到的那样，总是直观的（immediate），充满了由数不尽的惯例与重复所沉淀下来的层次，而给予当下一种永恒之感。然而由于总是保持不完整的状态，它也对偶然、意料之外与多变故的种种，对同时为时间与空间所需要的经常性重塑所具有的可能性，保持开放的姿态。如果日常生活的商品化导致了去历史化，那么我们必须将此理解为一个总是在特定时空中被发现的历史进程之象征。

---

1 Lefebvre, *Everyday Life*, *pp.* 25, 18.
2 Osborne, *The Politics of Time*, p. 196.

在日常生活必须经常协调的重复循环之中持续的矛盾、存在于各处的现代性与日常性之间无尽的互动，以及互动所出产的重塑形态，都揭露了不均等性在区分现代（"新"的领域）与日常生活的文化形态时的运作方式。不同社会主体经常重新定义现代性，因此这些矛盾也证明了现代性的新构造在曾经的西方世界与非西方世界处的出现。在这一方面，对于存在不均等性的日常性的检验，将会通过文化研究，以及基于文本的导向——同时对当下政治与经济经验的重要性保持敏感——剥夺通常的文化重点的首要性。詹明信提醒我们，如今位于美国的文化研究如何已然变为马克思主义的替代，也告诫我们这一替代在政治方面所暗示的种种。[1] 呼吁对一 57 个在各处出产不均等性的日常性进行研究，不仅会使我们想起文化研究的惯例所未行之事，也会迫使其实践者和我们看清世界范围内基于内在的历史性时间化的不同形态之间的关系。这意味着，如果文化研究——如同我所相信的那样——忽略了欧美之外的世界，而以政治经济考量为代价，它们便能够集中文化文本的"表达"，而其所背负的风险，只是恢复其誓将弃绝的形式主义而已。

这样一来，位于日常生活之中心的，便是资本主义在不同时刻以不同强度进入社会时所引发的不均等发展的现象。随后出产的，是不同的时间形态与文化空间，以及不同模式与生产

---

1 Fredric Jameson, "On Cultural Studies", in John Rajchman, ed., *The Identity in Question*, London: Routledge, 1995, pp. 253, 264.

力量的共存状态。在 20 世纪 20 年代，日本本土民俗学家柳田
国男将这一可在东亚发现的联合发展称为"混合文化"与"复
合文化"。但是他仅是轻易地将这一进程描述为随处可见的，
现代性与日常生活则借此回应彼此并趋于与对方相一致。驱使
其采用这一手法的，是一份批评的议事日程，其寻求日常中的
一处，在那里，异化、恋物癖与物化出产了它们的影响。这种
联合的发展，轻易地替换了被一个名为亚洲的魅影所占据的空
间——一个地理意义上的所指对象，仍然没能隐藏其作为次级
术语的身份，也使我们的注意力转向了国家的独一性与其对于
独特性的反诉。如今看来，这种发展试图弥合的，是现代性与
日常生活的差异。在某种意义上，它始终呼吁的，是对于它与
其他社会所共享的时间内在性构架的注意，哪怕当我们关注本
地经验之时亦是如此。最终，这种发展将会终结区域研究及其
首要的探究模式——多学科主义——所维持的分割的长时间惯
例，以及伴随区域研究而来的学术界内的集中隔离，而为一次
旨在探索跨越文化区域边界体验的回归开辟道路。至于将来，
如果类似资本与现代性等历史研究的范畴产生了特别的影响，
那么这些范畴将会被置于文化形态中进行检验。而在这些文化
形态中，历史作为一个持续进行的、关乎存在的时间化进程，
分布在各处。[1] 至于日常性，如同处于两次世界大战之间的日
本人以及乃至战前便已觉醒的欧洲人所意识到的那样，却是作

1　Osborne, *The Politics of Time*, p. 200.

为　种形成物而非一种核心价值被人们所经历着。如此，如同德里罗笔下的男主人公格拉德尼（Gladney）以炫目的技能轻松一跃便完成了从希特勒到埃尔维斯的转变那般，由区域研究到文化研究的转变，或许也是可以实现的。

第二章

"日常之谜":历史中的日常性

日常,是最难以发现的。

——莫里斯·布朗肖（Maurice Blanchot）

现代体的发展之中，只有不多的事例为历史学者提供了比日本在 20 世纪的经验更具模糊性与确切性的景象。日本端坐于东亚的边缘，这一地理形势使得西方殖民主义与历史不可能涉足此地，也暂时将其排除于世界市场的扩张范围之外。西方的贸易者们抵达了东南亚、中国南方等那般遥远的地方，在克里米亚掀起的战争拦住了英国、法国与俄国的进攻，而美国又陷入内战之中。地理与历史可说将日本置于一定距离之外，但它们也给予日本一个机遇，任其着手于一种转变，以确保无限延长其在亚洲其他地区的帝国主义及殖民主义统治。虽然日本距离将非洲与亚洲融入工业资本主义的进程甚远，却又距离以西欧与北美为代表的现代化形象很近。在 19 世纪，被视作亚洲的一部分的、发展迟缓的日本，迅速在将日本引向资本主义现代化道路并使之与西方先进国家获得平等地位的明治维新之趋势力量的领导下，变得融入世务而现代化起来。伴随着作为国家与社会之双目标的"文明"与"开化"的标语，一种死气沉沉的亚洲封建主义重新将自身塑造得现代化起来。在 19 世纪与 20 世纪早期，现代化便也意味着西方化。

然而，即使日本完成了物质上的转变且较其他的欧洲国家更快、更早地取得了外交与政治上的共识，它仍被视为一位后来者，其"模仿"得来的成就也被认为是表面的。这一最早的"模仿"之例，或还不能称得上是由其后的后殖民主义话语想象出的、具有讽刺性的抗拒，但也是相似的对应物，追求作为一个"几乎相同却又有所不同的"主体的地位。[1] 在西方世界的眼中，日本仍被定义为一个尚不发达的世界，殖民世界通过承认西方那伪装为普遍性的卓越性来确认的自我的完满，彼时仍为日本所缺乏。因此，历史学者所面对的模糊性，所关乎的便是描述这一经验的问题——它不是作为一种表面性的后起模仿而被西方现代性的历史所同化，便是被视作在现代化进程中或会使日本赶上西方世界的一个时刻。日本同时保有其距离与差异，因而经常被同时认作前述两种描述的具例体现。两条发展轨迹都设定了不受限制的过程以及完美阶段的实现，这意味着，当日本及其他"后来者"等国家想要把平等地位的实现推迟到最后，事实上所谓的最后是不会到来的。我们可以同时在两种人身上看见这种模糊性之轨迹：一者是学习本国近代史的日本人；另一者则是非日本人，无论是从斯宾塞主义还是马克思主义出发，他们多半不自觉地维护了发展进程那矛盾却又宏大的主线。

　　处于两次世界大战之间的日本国内，其大众传媒、舆论杂志乃至电影中传播的有力话语，将当代正被亲历的经验定义为

1　Homi Bhabha, *The Location of Culture*, London: Routledge, 1994, p. 86.

"现代生活",将大城市的日常视为这一切发生的独特场所。对"现代生活"中的现象持有兴趣的多数思想者与作家,认为这一经验与工业化的西方世界的城市中心中正在发生的种种相类。日本哲学家户坂润敏锐地提出了建议:日本要构建通往更为广大的现代性世界的联结,而不要构建一个例外。结束在欧洲的长期居留而回到国内的作家们,将他们之前在巴黎、伦敦与柏林所观察到的,与日本的日常作出对比。对日本人来说似为当下所亲历的经验,在"历史进程起始"之际作为一段时刻现身,之后却被历史社会学重塑为一类帝国主义的范畴,叙述了一段标示着社会的发展概要中断裂而失和的进程。20 世纪 ⁶¹ 50 年代末期,这一范畴被称作"现代化理论"[1]。

这一世界观以一个时代存在的潜在统一体为先决条件,在此基础上挑选相当数量的政治层级与法律形态、宗教与文化组织、社会构架与个体心理,并对其作出了区分。在区域研究所属的知识界与学术界之中,现代化理论曾将所有那些在西欧与美国之后实现工业化的区域,以及那些仍然屈从于宗主国而发展,并通过将社会置于横跨历史时期之发展及霸权的真空框架中而对其进行重铸的殖民区域,都定义为后来者。相对而言,美国的社会科学所占据的地位,则使得其在就"非西方"世界的定位及社会发展作出比较判断时,不能考虑到任何定性的时间差异。然而与日常性的范畴所担负的

---

1 Peter Osborne, *The Politics of Time*, London: Verso, 1995, p. 2.

最小统一体有所不同的是，现代化忽略了就构架与发展给出的经验。

日本人早先所经历的当下的现代生活，一度被重新置于发展的轨迹之上。早先将西方归为完整且发达之世界而将其他区域归为不完整且分裂之世界的二元状态，已被重塑为一个关乎进化适应及发展的观念，以及一个关于增长的输出模型。20 世纪 60 年代与 70 年代的学术界之中，这一策略主宰了区域研究的研究日程，而且正如我所特别提到的那样，其中最为显著的例子便有关于日本。最令人失望的失败，则来自去殖民化的印度，以及一种前殖民主义传统的社会残留，这些残留阻碍了通往成功经济与政治现代化的道路。至于印度，热衷于现代化的人们曾短暂目睹了实现一个亚洲成功故事——一个以凭借非革命性的政治、经济发展取得成功的故事——的机遇，而对以中华人民共和国为例的国家来说，这一故事能够为革命模型提供一个政治上的替代选项。隐藏在这一信念之后的，是对现代化理论的错误认知：人们将去殖民化错误地与作为所谓成功着陆之必要条件的、来自英国方面的影响联系起来。于是，印度的例子相反地嬗变为后殖民主义苦难的写照，它越过了其原先的所指对象，将所有先前被殖民的社会都包括在其例证范围之内，从而构建了一种新叙事。此举受到了一种二元逻辑的驱使，这种逻辑质疑了殖民者与被殖民者之间的关系，并以此解释了为什么如果不考虑到被殖民者，殖民者的形成便是不完整的。

虽然存在差异,但是现代化理论和作为其继承者的后殖民主义理论却共享了对于历史时间中存在同质持续性的推定,这种持续性使得抽象的比较判断摆脱了定性的时间差异。两者,尤其是现代化理论,没能认识到现代性、传统、过去与当下,是事关"文化体验媒介中的历史之整体化"的范畴。因此,两者都需要将历史临时化的独立的形态或方法。借此,各发展阶段——历经的时间——以由单一历史视野所构成的统一体之形态被联结起来。彼得·奥斯本特别指出,这种将历史临时化的手法,通常与某些认识论有所关联(这些认识论揭露了时间之形态及知识之界限),因而揭示了其对于惯例的特定取向,而他将这种取向称为"时间的政治"。[1]

自从现代性、传统及后殖民性被视为一种对政治时间领域的干涉以来,鉴于"文化形态"通常在单一或同质的历史持续性的前提下,经由现代化理论与后殖民主义话语两者之手组合形成,对不同"文化形态"的历史研究作出区分,就变得十分重要。为现代化所遮蔽了的——其与更早拥有经济说服力的马克思主义部分一致——是一种理念,它将现代化视作一种特定的文化形态,一种根据社会形态及惯例的差异而或有不同的、对于其所经历的历史时间的意识。各种社会形态及惯例自身,恰如其依赖于时间那样,十分依赖于所在之体验。在某种程度上,现代性最终使用将其自身与日常性之空间区分开来的方

---

1 Peter Osborne, *The Politics of Time*, p. xi.

法，标示出了这些差异。也正因为现代性将当下标示为最小统
一体，并将其作为源于不同时间、历史及文化惯例的新生之物
与残留之物间的交点，所以对现代之不同屈折的出产，也随之
变为可能。而同时代的、堪称边缘（只要这种边缘性仅仅被理
63　解为一种与第二次世界大战之前的资本主义中心相对而言的关
系）又非另类的现代性也得到了保证，在此范围之内，所有的
社会共享由全球资本及其必要条件所提供的共同参照。然而，
每一个社会，根据其特定的时空，又有所差异，"不完全相
同"。[1]（无论资本主义在何处确立其体系，不论其程式与进程
一般被认定为多么相似，其体系之间通常有所差异。）

　　就这一点而言，现代性提供了一个关于时间上的迫切性的
框架，并在这种迫切性中探明了所有的社会。涂尔干
（Durkheim）、韦伯（Weber）、齐美尔等古典理论家却很少，
甚至从未设想过这一现代性的观念。如果现代性是由资本主义
欲望机器驱动而保证了其生产消费体系在各处的建立，那么日
常，作为当下的最小单位的联合并标示出其所经历的经验和再
生产的水平，事实上，也通过其与过去的斡旋——这一过去往

---

[1] 我反对那些更为流行的论述，例如"另类现代性""歧异现代性""相争现代性""回
顾现代性"。它们暗示了一种在所谓"西方"构想成型，其后又缀有一系列"复制"
与种种次等变形的"原创之物"。这些现代性概念的问题在于，它们的立足点在于将一
处时滞转变为一种质上的不同（时滞的迷思）。此外，它们预设了一个名为"西
方"，实则不可能存在的整体，并因而许之以一种一元化的经验，以此无视所有的本
土性差异。这正是胡塞尔（Husserl）于20世纪30年代以希腊哲学定义欧洲时所建
构的那类"精神"。参见 Edmund Husserl, *The Crisis of the European Sciences*,
trans. David Carr, Evanston, IL: Northwestern University Press, 1970, pp. 269 -
299。

往与新近的当下处于一段紧张的且往往是敌对的关系之中——协调了同质性此一迫切的要求。

当其他社会还在西方资本世界的边缘之地以不同的步速行动之时,日本转变为现代秩序的过程,则早早揭示了一种想象:现代性仅仅是一种西方的理念,而西方世界与非西方世界(请注意这一称呼的消极性)的强制二分体,以及其所暗示的其他深意,决定了现代性的地理之所在及现代性之视角。鉴于日本更为早先且迅速地现代化,当其与中国、东南亚或中东的社会进行比较之时,日本展现了一个事实:将地缘政治意义上的西方世界确立为现代性之所在,只会使现代性的统一性得到树立,使其优越性得到维持。一旦日本紧紧把握住了现代化并以一场胜仗降服了某一西方国家,哪怕舆论仍旧认为日本是在进行单一的复制,现代性在地缘政治上的垄断还是被打断、被击溃了。

处于开化西方世界与人种意义上的非西方世界两者之间的现代化的空间结构之上的魔咒至此终被打破,而现代性的新结构开始在另一个世界中出现。在这一世界中,体验不总是,或不一定能够确立一个要求同质化的模型。正如日本所展现出的那样,日常生活的一隅空间扎根于一处特别的地区,却又与更为广义的时空环境相连,其形成便标示出了此一现代性。诸多显而易见的可能性之中,日常生活之所在仅仅象征了可能性的其中一种,从而也仅仅象征了社会关系与社会理解的关系网中的短暂一刻。这意味着,日常性,当其在诸如东京/横滨、上海、加尔各答、里约热内卢等大都会中心形成之际,就包含了远超单一场所之边界与 *64*

经验的关系而抵达了一种新的无边界性。在这一无边界性之中，通过"对其与'缺席'的他者之间的关系的促进"，空间被逐渐扯离了所在。在日本，日常性的经验被揭示为"似幻影般多变"，就如同场所——所在——一样，部分远离那些接收自某一即时历史、文化的实践与知识，且与它们有所区别的实践与知识穿透了日常性的经验，并对其加以塑形。[1] 不同经济生活形态的共存，趋于示意一种既现代又分明的经验。经验支持的，是实际业已被资本主义政治经济作为其扩张之首要前提的不均等性，纵使资本主义政治经济或将借助各处应均等发展的主张对其展开抑制，实亦如此。

　　日常性的观念是在一场话语之中被系统尝试并被经历的。这一话语事关现代性，作为一则就 19 世纪欧洲的资本主义现代社会的形成发表的评论不断发展着。然而因为它那多重、分散且普遍存在的外表，人们并不总是，或不常发现作为一个详述理论化进程却避开直接分析的客体的话语。虽然如此，现代性的主要理论家却对它作出了清晰的定义。就算这样，对日常生活直接而详尽的理论化还是在第二次世界大战之后才出现，伴随着昂利·列斐伏尔对批评作出的系统阐述，加斯东·巴什拉（Gaston Bachelard）将"家宅"中心轴与统一性定义为空间诗学的一例的做法，埃德加·莫兰（Edgar Morin）标示出的相互竞争的现代化之所在，米歇尔·德塞都将其视为一隅空间而作出的重新书

1　Anthony Giddens，*The Consequences of Modernity*，Stanford，CA：Stanford University Press，1990，pp. 18，19.

写,以及对社会历史的微观主张(更不用说海德格尔以及其所经历的与纳粹时期相一致的生存方式所出产的消极联系)不甚满意的德国劳动历史学家(labor historian),如阿尔夫·吕特克(Alf Luedtke)等转向劳动者与工作地经验的选择。德国人身上的屈折变化展现出的,是其试图终止资产阶级日常性与体力劳动者的势力范围之间的分隔状态,以展现使得工作地及劳动者处于任何关于日常之定义的中心地位的努力。[1]

在美国,欧文·戈夫曼(Irving Goffman)与多萝西·史密斯(Dorothy Smith)的早期著作也都呼应了这一努力。欧文·戈夫曼将日常生活视为一个无尽的阶段,人们则在其中扮演在社会系统的运作中起到必要作用的角色;而多萝西·史密斯则将日常生活重塑得问题纷呈,并将其作为女性经验通常被忽略的原因。此外,她还质疑一个主张,即这一范围代表了民间,代表了再生产的范围。[2] 为了确立这一点,自马克思开始,思想者们便待日常生活如同一个关乎映射的客体,一个关乎严谨性的客体。对于欧洲人来说,日常性及其时间性的地位,是与现代性构架及公众时间的地位一样高的,且两者也被乔伊斯、卡夫卡(Kafka)、普鲁斯特等作家,伯格森等哲学家变为

65

---

1 Alf Ludtke, *The History of Everyday Life*, Princeton, NJ: Princeton University Press, 1995, esp. pp. 3 - 40, 116 - 148, 169 - 197. 另见 Berliner Geschictswersatt (Hersg.), *Alltagskultur, Subjektivitat und Geschicte*, Munster: Verlag Westfalisches Dampfoot, 1994。

2 Dorothy Smith, *The Everyday World as Problematic*, Boston: Northeastern University Press, 1987.

书写的主题。"抓住此刻，"斯蒂芬·迪达勒斯要求道，"抓住此处，借此，所有的未来便跃入了过去。"

在日本，正如我接下来试图展现的那样，日常性的理念曾被视为在两次世界大战之间加速的现代化之经验的一部分，它也成为一项原则，以一种与欧洲所回应的节奏有所不同的、密集的节奏，驱动了理论化进程及话语。这一节奏差异形成的原因源于其与西方文化相同的输入习俗与惯例，以及被普遍接受却因新输入物的推广而受到质疑的本土风俗之间的镜面对比。这一进程在欧洲社会中则没有如此显著的差异，毕竟欧洲社会相较而言被更为紧密地捆束在一起，且共享了文化交往互换的长久历史。而这当中并不包括新诞生的苏联，它同西方世界的资本主义城市以及其自身与新秩序共存的田园式过去站在了戏剧性的对立面上。与之相反，欧洲的经验中则着重提及现代化进程中的加速。这一加速发生于现代化进程散播至柏林等城市之际，而在非常短暂的时间段内，城市人口的膨胀及随之产生的结果也引发诸多改变。现代性进程在紧临第一次世界大战发生之前的 10 年之中获取了力量，而在接下来的数十年中加速前进。这对于处于工业中心外围的地域及国家，例如日本、苏联与位于亚洲或拉丁美洲等殖民地或半殖民地社会来说尤其如此。对于日本人，抑或处于欧洲、北美之外的其他社会来说，此发展的迅猛性，在其与他处传来的新事物间不尽和谐的遭遇中得到了强调。

新兴的工业城市或金融城市，是在一个"历史的紧要关头"，出现在东京或大阪，以及 20 世纪 20 年代整个工业化世界之中的。这一"关头"，以以下几点为特征：生产和平时期消费商品的新兴工业的建立，新公共或民间金融机构的发展，新顾客的出现，新主体地位的形成，以及使得特定意识形态与其称为现代主义的多种变体的成型得以实现的性别或性身份。一个真实的跨国概念，聚合了正在工业化的世界整体中的多种文化形态，即为现代性，在"新近事物"的基础之上构建了一种时间逻辑。通过在 20 世纪 20 年代以"崇美主义"（Americanism）之名而被熟知的文化视角，这一现代主义（或言种种现代主义）被表现出来。从东京到巴黎，在不断工业化的世界各处，对于"崇美主义"的迎合，标志着生产商品的新速度、新技术与新模式。正如皮兰德娄（Pirandello）这样的意大利剧作家在 1929 年所能宣称的那样："崇美主义正使我们深陷其中。我认为，一座文明的新灯塔已在此处点亮。"[1] 而日本作家、剧作家菊池宽（Kikuchi Kan）则能在先于其两年之前自信地宣布，崇美主义标志着现代性的开端与日本国内一个崭新的文明阶段。苏联构成主义者鲍里斯·阿瓦托夫，将美国视为一种或将使俄之城市与日常生活获得改观的新生产方法的起源。然而这番对于崇美主义的过分颂扬，通常情况下与其说是一种正在被经历的乌托邦式现实，不如说是一种对于欲望的表达。虽然如此，其亦证实了一种崛起的历史状态，且这一状

1　Antonio Gramsci, *Prison Notebooks*, trans. Joseph Buttigieg, New York：Columbia University Press，1996，vol. 2，p. 17.

态由现代主义在艺术中的形象，以及一种观点，一种为了无法再同将来区分开来的无尽当下而否定先时之过去的观点——此两者主宰。整个工业化世界，没有任何形象比"崇美主义"形象更能予人权力。这一现象归因于工业技术生产的霸权——葛兰西（Gramsci）将其确定为"福特主义"（Fordism），却又仅将应用范围扩大到部分民用工业之中，且对其地理版图作出了限制——也归因于日常生活中愈演愈烈的商品化趋势。虽然对于这一新文化力量的回应会引发多种多样的响应，从阿瓦托夫的热情赞成，到本雅明对于机械复制（mechanical reproduction）之重要性的详尽阐述，再到大宅壮一（Oya Soichi）对其表面性及稀释效用的控诉[1]，但是这一力量在工业化世界的日常生活中的存在是不可否认的。

　　正如各处的社会理论家业已发现的那样，崇美主义是夹在两种行为之间的当下。它一面试着割断其与过去的联系，一面寻求去展望一个不定的未来，正如以永远一致的方式出产着极为新兴之物的无尽当下。此刻的年代顺序排列，与第一次世界大战爆发的之前数年及战后，与第二次世界大战的爆发（虽然有人忧虑，与此有所不同的后现代主义愿景的萌生，会在二战终结后的数年将现代主义带入衰退），与商品生产技术的统治权及大众消费，与二战战后及两次世界大战之间的数年，皆密切相关。现代化以不同经济——资本主义，前资本主义，以及

1　Oya Soichi, "Modan so to modan so", *Oya Soichi zenshu*, Tokyo：Soyosha, 1929, vol. 2.

社会主义——的并存为特征，同时也通过政治与社会力量之间反映过去与未来主张的冲突所表现出的持续不和，显露了其特点。资本主义现代化与逐渐壮大的市场向心性，业已成为苏联以外各处新社会关系的组织性原则，也重新定义了一种与在不久的过去为人所熟悉并奉行的种种极为不同的日常生活。

历史学家阿尔诺·迈耶（Arno Mayer）颇有洞察力地将这一第一次世界大战后不稳定的政治环境命名为"旧政权的存续"（persistence of the old regime），其所指向的，是参与资本主义与工业变革的欧洲社会中以农业为基础的传统领导层的持续掌权。[1] 即使他也能以此轻易地描绘日本的情况，然而值得注意的是，因为日本思想者曾短暂采用了俄先驱者的理论装备来表达自己的社会抱负，故而日本在 20 世纪 20 年代开展的现代化进程，实则通常与苏联之设想有所类似。共享历史局面的想法，标志着大规模资本主义现代化的时刻，促使克拉考尔在 20 世纪 20 年代抱着乐观看法评论道："都市中心变得日趋相似，而且个中差异正在消失。"[2]

资本主义现代化在最初确实扫除了自身发展道路上的所有事物，给予"崇美主义"的转义以更大的力量。"崇美主义"的转义，即不间断的去疆界化——大规模来自乡村的移民造成

68

1　Arno Mayer，*The Persistence of the Old Regime*，New York：Pantheon Press，1981.

2　Siegfried Kracauer，*The Mass Ornament*，trans.，ed.，and with an introduction by Thomas Levine，Cambridge，MA：Harvard University Press，1995，pp. 43 – 44.（文中引为 *MO*。）

了这一现象，他们迁入生产消费的中心地区，迅速地，并通常效果显著地摧毁了所有以供参照的公认体系。20 世纪早期，日本批评家横井时敬已将这一不断从乡村向城市涌入的现象称为"都市病"，而齐美尔则试图凭借社会关系及心理倾向来确定都市生活的特殊影响。资本主义在各处树立其生产规程及生产力权威，摒弃了其所继承的文化模式；它质疑着，甚至不时略去其授权状态；它侵蚀现存的社会基础；它藐视、碾碎并掏空那些规范了一般生活规律且为人熟知的价值观、风俗与实践。殖民主义，通过蓄意或无意地采用暴力等形式，在追求此一去疆界化的过程之中，在生理、军事、心理与文化层面，甚至走得更远。作为结果，城市以快得多的速度先于乡村发展，而乡村则通常被迫为前者的成长提供资本以及劳动力。这一层面上，正如柳田国男在 20 世纪 20 年代末认知到的那样，为了城市的"光辉"，乡村与被殖民地共同承担了作为"牺牲者"的痛苦。[1]直到 20 世纪 30 年代的尽头，作家与思想者仍一直将现状描述为"病态的"，将其所遭受的文化限制的环境形容为一处相当于"精神病院"的所在。

在 20 世纪早期的巨大工业变革中，无论是资本主义还是社会主义，当下的经验都在事关日常的构想中被组织、聚集起来。若是在西方资本主义国家，当日常生活于城市中被经历与体验之际，我们或可看透其惯例与共性，并找到一个关乎更为

1　*Teihon Yanagita Kunio zenshu*，Tokyo：Chikuma shobo，1968－1971，vol. 16，p. 28.

人道主义且公平公正之社会,却尚未被实现的承诺。而苏联人 69
则通过瞩目于大工业无产阶级的生活,找寻一种新秩序的可能
性。这一新秩序,能够将其自身从中产阶级的文化包袱及在 19
世纪曾一度与工人阶级生活相关的、对新兴事物及娱乐消遣的
迷恋中解放出来。[1] 然而此处也应作补充,当其许诺或能揭露
一种更为人道的存在方式,并确定一种摆脱商品化束缚与社会
空想的、有所不同的事物秩序之时,日常性,甚至在苏联之
外,也依然是可见的。

当弗洛伊德(Freud)在他的《日常生活的精神病理学》
(*The Psychopathology of Everyday Life*,1901)[2] 中第一次将
日常定义为言语中的失误表现出更深的、隐藏的含义的场所
时,他便可比肩马克思——马克思在当前状况的现象中,看到
了深层且秘而不宣的社会架构的重大意义,即其主导社会表面
运动的权力——而又比马克思走得更远。对弗洛伊德来说,无
事是无足轻重的,最为平凡的言语情景也可以具有潜藏的含
义。由此,尽管其表面似乎趋向惯例化,日常依然成为了具备
复杂多元之表达、科学研究实体以及政治干预之处。从此,日
常不仅是普通平凡的,而且也达成了与"动态社会现实"的联
合。[3] 伴随着这一变革,20 世纪 20 年代的日常——此时,几

1 John Roberts, *The Art of Interruption*, Manchester: Manchester University Press, 1998, pp. 14 - 15.
2 Sigmund Freud, *The Psychopathology of Everyday Life*, trans. A. A. Brill, New York: Mentor Books, n. d.
3 Roberts, *The Art of Interruption*, p. 16.

乎各处的工业化皆已确立——不复仅仅作为证实实证主义真实性的所在，而且成为日常经验用来藏匿更深层冲突与矛盾的一处空间。至于关乎冲突与矛盾的阐释，则可通过一种理性的意识而为人所知。相较于关乎事实的无用经验，日常生活逐渐被视作为揭露社会最深层冲突与渴望之征兆的场所。战后数年，"现代生活"在各处都变为日常，标志着其由单纯的流行、新颖向城市生活经验之实在性——在城市中，物化的影响正在逐渐产出，人们也寻求着政治文化的新可能——的显著转变。

　　例如日本在终战不久后的时期里最初以"现代生活"所描述的事物，便可换用中性词语"生活"以作形容，只是"生活"一词限指"日常生活"，且此词应用的可能性最终被置于一处属于惯例、习惯与习俗的空间之内。这一命名，在日本及其他聚集了当下的各处，例示了旨在定义一种体验——被现代与流行所打击，却仍能保持不同——的努力。日常生活代表了关于真实的考量，正如本雅明与户坂润都观察到的那样，所谓的真实，意指使历史的当下——此刻——发挥出潜力，以提取出过去被丢失并遗忘的承诺，及关乎未来的可能性。激发此刻潜力的过程中非常真实的一部分，需要诸如悼念、铭记之类使人得以想起过去——其记忆受到了当下的抑制——的极致行为。通常，鉴于模糊的过去如今在述行的当下所造成的种种危险之上投射出了另一个可供选择的事物，这一纪念的行为渐渐陷入对某一文化统治抱有怀恋的形式。所谓真实所指向的，不单是当下之所在的真实性，更是具体经验所发挥出的潜力。这一发挥将通往一种不同以往的当下，正如本雅明所解释的那样，此一当下，将被填入既已清空的"可辨识之此刻"。如果日常性是组织起当下的最小整体，那么它也接纳了聚集经验的多种方法，使日常与艺术及政治联合起来，并由此承诺将威胁当下的矛盾分歧封印起来。

在这一背景下，我们可以约翰·罗伯茨（John Roberts）为例，他阐明了新苏联日常生活中关于陈述的争议，是如何揭露日常生活在特定形式中聚集时空的方式的；或以阿德里安·里夫金（Adrian Rifkin）[1] 为例，他展现了在两次世界大战期间的法国将歌曲、大众消遣与工人阶级的日常生活相连的聚合性力量；又或以克里斯廷·罗斯（Kristin Ross）[2] 为例，她证明了在 20 世纪 60 年代的法国，关乎中产阶级日常性的新构想——其着重于社会生活的现代化、汽车、干净的身体，以及新的、专业规划下的生活——是怎样弥合由阿尔及利亚境内的去殖民化进程与战争引发的分歧的。在日本，权田保之助发表于战前的作品，将流行文化、休闲生活，与工作联系了起来，并呼吁对于传统的消遣、工作表现，与更大城市中工人阶级的 71 新娱乐方式之间必要的共存加以关注。较之最近，迈克尔·达顿（Micheal Dutton）则论证了后毛泽东时代中国的"流浪生活"，其虽构成了一段行进的蒙太奇，却仍能聚集起日常

---

1 Adrian Rifkin, *Street Noises*, Manchester：Manchester University Press，1993.
2 Kristin Ross, *Fast Cars*, *Clean Bodies*, Cambridge, MA：MIT Press，1995.

生活。[1]

区分日常性话语的，是其专注于多重实践——其始于微不足道的、浅薄琐碎的事件——细节之上的频率。"一个时代在历史进程中所占据之地，"克拉考尔在《大众装饰》(*Mass Ornament*) 中写道，"是在对其不甚重要的、表面表现形式的分析，而非从对时代自身作出的判断之中……决定下来的。"(p. 75) 在他的《雇员们》(*Die Angestellten*) 中，他在探访劳动法庭之际，观察到了雇员经济生活的总体事实是如何决定了其生存状况的。然而他同样提醒自己，使吾辈摆脱"是主要历史事件决定人类命运的错觉"，是很有必要的。诚然，正是日常生活中的小小困境持续地影响了雇员们的生活，正是"大而化小的事件"左右了他们的命运。[2] 这便是齐美尔早先的声称，即"瞬间图像"(momentary images)、"快照"(snapshots) 架构起了社会现实的种种"单独线索"(individual threads)。而比起着力于研究人们经历飞逝、短暂、无常现实时的种种模式，马克思、韦伯、涂尔干等更为早期的理论家则注重于分析社会整体。卢卡奇，作为或对日常性具象化方式作出了最具说服力的解释之人，甚至也想要以整体的表示，而非在经验的种

1　Michael Dutton，*Street Life China*，Cambridge：Cambridge University Press，1998.

2　Siegfried Kracauer，*Die Angestellten*，Allensbach：Verlag für Demoskopie，1929，pp. 49 – 50（文中引为 *A*）；另参见 Siegfried Kracauer，*The Salaried Masses*，trans. Quintin Hoare and with an introduction by Inka Mulder-Bach，London：Verso，1998，p. 62（文中引为 *SM*）。

种瞬间这一语域下展现这一现象。[1] 这一战术通常导致人们将
单独的体验或表现视作更为宏大且表意不清之全体的一个转
喻,颇类乔伊斯对利奥波德·布卢姆(Leopold Bloom)人生
中某一天的叙述,或克拉考尔所谓"不被纳为此理论或彼理论
的实例,却被视作现实之典型情状的⋯⋯就某一点作出的引用
或观察"[2]。更为人熟知的,则是本雅明就这些闪光的瞬间作出
的定义:"辩证图像"(dialectical images)。

  与之相比,马克思、涂尔干、韦伯等伟大的社会理论家则
寻求将整体的形态绘制成社会机构或基础制度,其作为不变且
稳固的检验客体,能用来分析现代社会。这一冲动,部分解释
了以马克思主义为首的理论迟迟才意识到日常生活的经验一贯
是调查中值得重视之主体的原因,也解释了马克思主义弃之不
用而瞩目于社会整体更为庞大的结构——其运转将会揭示资本
主义生产模式即将发生的瓦解及其社会形成方式——的理由。
结构提供了通往实在的物质现实的入口,而经验则通常被贬为
意识形态方面的反映。由此,日常被纳入资本主义与现代性之
内,归入冻结于具象化状态的意识与经验之中。依据卢卡奇之
言,只有无产阶级——虽然他们被变形成一种淡化了"灵魂"
观念的"非人化"商品形象——不像那些"思想"与"感受"

72

1　David Frisby, *Fragments of Modernity*, Cambridge, MA: MIT Press, 1986, pp. 6 - 7.

2　Kracauer, *Die Angestellten*, p. xix.

都已被反复进行人格物化的官僚，仍然能够"反叛物化"。[1]
（此处应该指出，对海德格尔来说，这一物化的状态是被转化
成了一种虚假的日常性，即"常人"［das Man］的世界。）

商品化过程持续地将当下贬为瞬时性，贬为无尽的同时
性，贬为存在于永远一致方式中的新兴之物（即胡塞尔所谓
"滞留"［retentional］的渊源），并出产了生活的去历史化，
"在此之内，事件作为图像被消费，独立于彼此，并无叙事上
的联结"[2]。韦伯、齐美尔、克拉考尔等思想者常不禁屈服于诱
惑，将日常生活视作一种常在的当下，视作一个个瞬间，其接连
堆积在彼此之上。正如户坂润所想的那样，思想者们臆断商品的
去历史化倾向，视此一资本主义经验的产物于文化上是普世的、
模糊的，视其于各处是趋于同质化的，视其莫名与资本主义自身
的意识形态表现相类。海德格尔在此路上甚至走得更远，他系统
阐述了一种历史化的不同观念。这一观念——被称为"历史
性"——揭示了具有欺骗性，且在历史上不尽真实的、日常生活
的消极性。而通过重新思考日常生活、历史以及两者之间的关
系，他终将其置于所有后续围绕现代性及其时间性作出的考量的
重要位置上。开战之前，仅有本雅明，或许还有葡萄牙诗人佩索
阿，因为对超现实主义的赞赏，在日常生活中目睹了各式不同的
神秘，看见了隐藏在惯例与一致的光滑表面之下的历史的水印。

---

1 Georg Lukacs，*History and Class Consciousness*，trans. Rodney Livingstone，London：
   Merlin Press，1971，p. 172.
2 Osborne，*The Politics of Time*，p. 197.

不过值得注意还有，一众日本作家当时便作宣告，自己业已在日常生活的场所中发现了事关日常生活历史的标志，发现了嵌入日常生活空间中的历史时间性的成形，发现了连续的所谓"今日"的聚积——正如所说的那样，连续的今日不同于具有各种可能性的范围之内，但它仍然能够赋予差异的瞬间以活力，并作出承诺：明天将不会与今日一致。

如果马克思将现代性理解为一种专门服务于新兴之物的历史形成方式，那么他也会认识到所谓新兴之物是一种短暂的现象。然而我相信，正是韦伯——他坚定地巩固了西方历史现象的地理定位，并构建了一门宏大的、较之时间性更注重空间性的历史社会学——在一处特定之所在树立起了现代的日常，且将其与以资本主义为最佳典型的理性化（物化的另一方面）进程相关联。韦伯将理性化导致的日常生活的惯例化，从已逐渐成为非日常生活之主宰的宗教因素中分离出来，使此惯例化能够逃离其控制；他也将此惯例化从精神性的根源处分离出来，否则这些根源将会被用来解释日常中的动机、意义与表现。隐藏在他的规划之后的，也对齐美尔来说是为根本的，是一个客观的经验主义世界中被推定存在着的分歧，以及一个独立于实在的历史生活，甚至与其分离的隐藏范围的存在。（我们已通过查特吉等作者目睹了这一范围后殖民主义式的恢复。）前者被视作是不可改变的，而后者则是动机的来源，并不会改变后续的秩序，但会使动机摆脱其超验的义务。在构想一种特定的意识形态时，卢卡奇审视了"宗教各派革命性的虔诚"与面向资本主义外部世界之传教此两者间的关系。"对于具有精神性的教会同盟来说，"他写道，"其精神性被净化至全然抽象的地步并褪去了所有血肉的痕迹，伴随一种超验的历史哲学，着实相称于资本主义的基本意识形态结构。"[1] 事实上，充斥着理性效用、例行公事的日常世界，与非日常精神性空间之间的分离，加剧了理论与实践、手段与结局之间的离析。但是韦伯与卢卡奇都忽视了一点，即日常通过将资本主义的成功假定为建立在对公平的——而非不公平——发展的推动之上，轻易便能避免成为把生活完全、彻底理性化之处。

如果说韦伯把日常性作为一个问题，将其视为自身通过诉诸志业（vocation）理论试图涉及的不同领域——此志业亦唤作召唤（Beruf）——齐美尔便将其视为现代性自身的授权状态，以及既已经历之存在的永恒特质，并接受韦伯所谓的召唤理论。于他而言，"暂时""匆匆""偶然"提出了一个绝妙的方法论问题：如果分析客体实际上是无常且短暂的，我们又该如何掌控它？更为重要的是，不同于韦伯，齐美尔相信，短暂无常之物并不能将人引领至持续的发展阶段，毋言这些阶段将揭露现代性——历史时间性的一种特定形态——的经验。在他的大作《货币哲学》（*The Philosophy of Money*）之中，齐美尔着重强调了作为所有先前过去之终点的当下，以及作为尚未被经历、体验的历史之停经小站的当下。致力于齐美尔理论的克

---

1 Lukacs，*History and Class Consciousness*，p. 192.

拉考尔,相信齐美尔缺乏"掌控历史的宏大风格。对历史事件作出演绎,于他而言是非典型性的,且他鲜少对让人在任意时刻找到自身的历史状态作出考量"(*MO*, p. 225)。齐美尔审视的种种现象,不具有明显的历史性,不具有可辨识的时间性,却只占据了一种存在,揭露出了这些现象与世间他物的种种关联。《货币哲学》所描绘的世界是资本主义的社会,虽然它从未经由货币、交换以及价值生产获得名称或经受任何的历史化进程,这一世界却确实是由这三者驱动的,就好像它离开历史,只是为了一种无限的时间性,一个无尽的当下。

在这一当下的正中,齐美尔认识到了一种滋长的冲突,横架于客体文化与主体文化之间,以及一种加速的日常性与逐渐不能跟上经验域发展、不能理解经验域之个体的经验之间。货币与交换驱动了人格物化的进程,具体化"主体的外部活动",表现为抽象价值"只是主体的相对性"[1] (*PM*, p. 121)。因为货币表现了货品间的价值关系,衡量了货品,并促进了交换,"作为一股拥有完全不同起源的力量……它进入了这一世界"[75] (*PM*, p. 122)。齐美尔将货币视作分离客观范围与主观范围的充分根据。"价值那形而上的升华,"他提道,"并不在每日生活的评议中扮演任何角色,而所谓评议,只与主体意识中的价值有关。"当顾客与"其享受之目标"间的距离增加,价值也随之发展。"作为源自我们当下状态的未来的图像,享受的可

---

1 Georg Simmel, *The Philosophy of Money*, trans. Tom Bottomore and David Frisby, Boston: Routledge & Kegan Paul, 1978, p. 128. (文中引为 *PM*。)

能性必须被分离出来，以使我们去渴望此刻与我们相距颇远的事物。"距离，与尼采（Nietzsche）所谓的"贵族之激情"（aristocratic pathos）前后呼应，于今描绘了渴望与可得之间趋宽的鸿沟（PM，p. 69）。

个体的主体在体验日常生活时所采用的模式，引起了齐美尔对于这一分裂之世界的注意。这一布满闪现着的漂浮碎片的世界，并不是一种不同凡响的生活，"而应被称为一种日常的存在，以及日常存在的每一无名时刻"[1]。虽然他目睹了一个客观的、经验主义的范围，在对这一世界进行充分理解的能力方面超越了作为个体的主体，齐美尔仍然坚定地认为，主观文化"只有当人类将处于其外部的某些事物拖入其发展之中，才会存在"[2]。于他而言，外部世界，无论如何遥远，在某些时刻，都或将进入内部生活，即言进入他所提出的"灵魂"，并影响其形成，此乃不证自明之理。被算作所经历之经验的，并不全然是原始的、自发的一个实体，而应为既已觅得中介的、被塑形的一物，且其受到了他所谓的"内在神经质"——意为将闪现碎片并入一内部生活——的仔细审视。在这一方面，他可被视作搬离了日常生活的实在之所在。而作为可供插手并直接体验（Erlebnis）的具象之地，其诸多的意义都传达了"目睹"的意识。作为被拖向关于经验的一则记忆之近前的具象之地，

1　转引自 Frisby，*Fragments of Modernity*，p. 63。
2　Georg Simmel，*On Individuality and Social Forms*，ed. D. Levine，Chicago：University of Chicago Press，1971，p. 230.（文中引为 GS。）

其与此刻发生了一场被双重物化了的相遇，以此支持内在的主观域以反对客观，并客观化、具象化这一跑在个体之前的世界（*PM*，p. 450）。换言之，齐美尔是反对徒有的反思的：

> 正如同客体那样——我们并不懂得其生产中究竟注入了多少智慧与努力，它们却一个个逐渐围绕在日常生活周围——符号性术语也充斥于我们的精神沟通与社会交流之中。在这些术语之中，一种综合的智能被聚集起来，而个体需要的则仅仅是对其最小限度上的利用。

这构成了客观世界对于"主观文化"的支配，构成了一种不一致，"客观文化在每日、在所有方面滋长着，而个体心智仍然只是通过使其自身更加远离文化，以一种远慢于前者的步速来发展并壮大其自身，来丰富客观文化的发展形态及发展背景"（*PM*，p. 449）。

在《大都市与精神生活》（"Metropolis and Mental Life"）中，齐美尔认为城市，尤其是其街道，是充满"节奏与经济多样性，职业生活与社会生活"之所在（GS，p. 325），是一种时间性。在这一时间性内，由劳动分工造成的创造性活动及差异的加剧是最为显著的。大城市迫使其住民抗拒"人格物化的蔓延"以及人格物化吞噬个体的倾向，因为其使人"变为单单的一个轮齿……身处事物与力量那广布的巨大组织之中……受组织作用而逐渐从与进步、精神性、价值相关的万事万物之处抽出手来"（GS，p. 337）。而内部生活的深处，才是对于这一客观存在之浪潮的最后防御——被齐美尔解释为均质化（homogenization）——以及对于"主观形态"那令人忧心之消弭的最后抵抗。

诚然如此，正是在城市中，齐美尔观察到了货币经济的扩张结果，及其吞没日常存在的方式。据卢卡奇所言，在《货币哲学》一书中，齐美尔相信，日常生活的物质内容理应变得愈加物质且不具人格，以确保"不可物化之残余"的个人化特性，以及个人那不容置疑的属性。这意味着，认知到斡旋的欠缺，会使得对分离的两半之间关系的理解成为可能。对齐美尔来说，理应"通过斡旋的援助"而达成理解的"真正之事物"，最终会成为用来解释所有现象的既成原则。"未获解释之事物"以及在此处此刻"无法言明的资产阶级存在之真实性"，依照卢卡奇承接其下的叙述，被提升至了价值观的地位，获得了作为自然内在法则的外表，并表现得如同一种能够贯穿全时而持续存在的文化价值观。[1] 齐美尔承认道，现代人仅被不具人格的、无生命的客体所围绕，以至于愈发不得不去接受一个理念，即其自身正生活在一套反个人主义的社会秩序之中。"文化客体逐渐演变成一个内部关联着的封闭世界……这一世界只有较他者而言更少的节点，得以供主观灵魂（Geist）提出它的意愿与感受。"（PM，pp. 459 - 461）客体与人，从此变得相互

1　Lukacs，*History and Class Consciousness*，pp. 156 - 157.

疏远（*PM*，p. 460）。

那些得以幸运地保全主观性之一隅——"一个秘密隔离出了私人领域"——的现代人，甚至也是如此，因为金钱使我们从直接"与事物接触"之中"解脱"出来（*PM*，p. 469）。金钱，事实上，是齐美尔对于斡旋的替代，或能对使当下永恒的所谓分离作出解释（*PM*，pp. 485，484）。在被其称为"稳定性"之条件的约束因素之下，历史必须消弭。因为"文化趋同效应"确保了全年生活中所有必需品易于获得，故而现代生活，受到金钱与交换的驱使，毁灭了所有的自然"周期性"；因为"凭着金钱，在任何时间购买任何事物已成为可能"，故而现代生活毁灭了万事万物当应其季的理念。由此，情绪，以及对个体需求的刺激，不复需要去跟上那为满足两者而强求周期性的节奏（*PM*，p. 487）。由既成惯例的周期性之毁灭所带来的影响，意味着文化已经同时压服了时间与空间，而确切的时间段不复决定活动的框架。与其曾经所处的决定性地位相反，如今，"确切的时间段只能依靠意愿与我们能力之间的关系，以及纯客观的条件，借以实现自身"（*PM*，p. 488）。在这一世界中，时间被压缩为一种不遵从真实区别的当下，在此之中，时间性自身免于受到来自过去、当下及未来之有界性的影响。历史被贬为一幅永远处于当下的日常生活的图像，不复由周期性加以标示，而是对于"意愿""能力"及"实现周期性的客观条件"此三者的重复标志了历史。过去仅仅存在于它的轨迹之中，正如齐美尔在别处所解释的那样，而这些轨迹则可寻见于"废墟"的残存物之间。至于废墟，如今矗立在日常生活的地标之上，像是对于一段既已消失的时刻——在此之后，主客观范围间的分离方被永远地定格，以出产无止境的当下及其"强烈的当下性意味"——的提示。[1] 不言自明的是，齐美尔的当下，便是永恒的商品世界。

虽然在西欧，齐美尔、卢卡奇等思想者就穿透商品形态的外壳以定位新城市日常性中所含意义及可能性的必要性形成了各不相同的早期认知，这一问题却在一时间被委托给了苏联这一新社会。在新经济政策以及贯穿 20 世纪 20 年代，直到斯大林主义登场方休的、激动人心的艺术实验的"狂欢式"早年，关于资本主义商品化，以及关于客体地位的问题被反转，以至于提供了一种技术性的但人性化的新秩序的视野，一种无关物化却理性的远见。约翰·罗伯茨提出，俄国革命使得日常的观念轮廓更为清晰，因为俄国社会，是历史上第一个劳动者被置于负责社会现实的岗位之上的社会。[2] 因此，苏联社会的日常，相较于西方工业国家的日常，对更为彻底的政治化保持开放；亦因如此，它的全新性吸引了诸多处于现代化进程中的社会，其对象不仅限于日本等东方国家——彼处的思想者与活动家从社会主义实验之处获得灵感，以此筹划在其本国社会范围之内的重构及可能到来的革命。而日本经验那前所未有的革新性，也在此过程之中作出了贡献，因为新日本从 1868 年其所颠覆

1　转引自 Frisby, *Fragments of Modernity*, p. 99。

2　Roberts, *The Art of Interruption*, p. 16.

的封建主义中脱离出来不久,就在第一次世界大战之前具备明治时期领导者所导入的现代社会基础施设了。在 1924 年,列昂·托洛茨基(Leon Trotsky)就新苏联的日常急就一书,呈现了其对于在内战时期建设一个新社会时所遇问题的总结。[1]

更为系统性的理论化,伴随着激进生产主义者(productivist)及无产阶级文化协会(the Proletkult)前成员鲍里斯·阿瓦托夫的著作而来,并随后出现在了巴赫金以及沃罗希诺夫(Voloshinov)的深思之中。作为对于无产阶级文化协会旨在将艺术与日常生活在生产进程的准许之下加以聚集这一左翼需求的回应,阿瓦托夫看透了"好设计"的魅力,而将其等同于资产阶级手工艺术的残余,以及"为艺术而艺术"的、迟迟不去的矫揉造作。根据他奠基性的著作《艺术与生产》(*Art and Production*,1927),无产阶级消灭"艺术技术与社会整体技术之间由历史所设下的藩篱"[2],是必要的。有意思的是,这一方案与日本艺术家、思想者村山知义及其所属的、由虔诚的构成主义者构成的团体(MAVO)的构想几乎相同。[3] 阿瓦托夫提出,要以一种承诺重新聚合个人生产与日常生活的思想来取代印象派思想,以及自上世纪便开始定向向手工

---

1 参见 Leon Trotsky,*Problems of Everyday Life*,New York:Monad Press,1979。鉴于"byt"——日常生活的状态,以及托洛茨基"对于美国主义所持有的兴趣",卢卡奇如何审读这一著作,便是令人玩味的一件事(Gramsci,*Prison Notebooks*,p. 215)。

2 Roberts,*The Art of Interruption*,p. 18.

3 参见 H. D. Harootunian,*Overcome by Modernity:History,Culture and Community in Interwar Japan*,Princeton,NJ:Princeton University Press,2000,chap. 3。

生产的、个人主义的美学心态。在他对于日常生活的构想之中，艺术家与劳动者之间将没有分别，也没有鸿沟将事物的使用价值与其交换价值相分离。这一方案出于一篇写于更早的1925年、名为《日常生活与事物文化》("Everyday Life and the Culture of the Thing")的论文，这一论文就社会主义社会中的非物化消费提出了原创的主张，而此社会主义社会正当遵从对生产、技术及艺术的一般认同的时候。[1] 阿瓦托夫想象一个能够成为"实用且活跃之物"的客体，与西方资本主义经验截然相反——在西方资本主义经验中，客体已经收买了社会联系，并正在树立起社会空想的体系——此客体被相信会表现得极似"与人类实践协同的共事者"（Arvatov，p. 126）。与身处同一时代的日本城市研究者今和次郎相类，阿瓦托夫相信，比起担任人格物化之施动者的角色，事物更能加强生产主观性。因为现代社会是在其日常交易中受到客体之生产的驱动的，而这种驱动又在生产层面加以反馈，人们便通过无数次对事物的利用，来获取他们的主观定位。今和次郎将购买并使用多样事物之结果所构成的新的主观定位概念化时也使用了相同的策略。[2]

　　当阿瓦托夫寻找一条处于西方压迫劳动与劳动者的局限之外的新社会主义社会道路以对生产作出思考之时，他坚定地认

1　Boris Arvatov, "Everyday Life and the Culture of the Thing", trans. Christina Kiaer, *October 81*（Summer, 1997），pp. 119 - 128.（文中引为 Arvatov。）

2　Christina Kiaer, "Boris Arvatov's Socialist Objects", *October 81*（Summer, 1997），p. 105.

为，因为"物质文化是对物质价值的生产与消费"，所以文化
是被所有"物质力量创造出来的，正如社会的文化风格是被其
所有构成创造出来的那样"（Arvatov，p. 120）。调和个体与集 *80*
体性间关系的是"事物"，虽然大部分尚未从事物的资产阶级世
界中获得解放的马克思主义者都不能完全地理解它，但是在对
生活所有的唯物主义构想中，它占据了罕有的重要地位。在这
里，阿瓦托夫对于事物之新理解的构想，作为他对于资产阶级
手工作品及其与生活相分离的批判之重演而出现。受到了坚持
使技术类事物脱离日常事物而划入不同领域之观点的蒙蔽，日
常在吸引严谨的"科学考量"时遭到了失败，并不再被考虑为
一种"不变的、辅助的形态"。这一资产阶级的蒙蔽所造成的
后果，便是对于这一事物——其同时作为物质进程，以及将社
会意识和实践从客体物质性中分离出来之形态——之世界的忽
略。无产阶级生活，对于实则由劳动阶级所组织的一种社会主
义文化的建构，对于即将到来的、事物与身为资产阶级秩序之
残留的人此两者间破裂状态的修复，感到颇有把握，它也将试
图毁灭从一处"单一方法论"视角而言——其将事物之世界视
作一个出产形态的总括性物质性实体——的毁灭性二元论。社
会尚未抵达这样的发展程度。而阿瓦托夫意识到了将事物与人
联系在一起的重要性，他相信，正在涌现的无产阶级文化的本
质将会被揭示出来。

　　阿瓦托夫的论证是基于一种信念——"文化的物质形态"
事实上是如同"骨架构成"般"分离"的形象——之上的，呈

现出一种作为日常生活（byt）[1] 而为人所知的"保守力量"。所谓使命，是要将这一保守的日常生活，移入一种发展中的每日生活之所在，而使得其首要组成部分，即社会方面与意识形态方面的再表达成为必须。既然日常性是由固定且无生命的"存在那骨架般的形态"（bytie）所组成的，日常生活就必须通过这样一种方式发起其自身的转变，以此确保带来的变化能使在此之前将日常与事物之世界、形态与内容、主体与客体分离开来的藩篱得以消弭。（有意思的是，在这一篇早期的论文当中，阿瓦托夫与卢卡奇关于主体/客体身份的考量部分趋于接近，虽然他可能并不熟知《历史与阶级意识》［*History and Class Consciousness*］一书。）这一自主发起的程式，必定伴随着阶级差异的持续瓦解。渗入这一提案的逻辑，显然由一种认知所促成，即日常既已作为劳动的反面来被构成，那么社会地位也会随之与社会动态相抗衡，正如死亡与生命相抗衡一般。在资产阶级社会，生产被迫表现得与生存及消费无关，因而似乎其与商品被制造的方式也无关联。而一旦生产被重置于社会存在的正中以"形成人类活动的所有方面"，"静态的日常消费生活"便会与象征着资本主义社会的"阶级的技术分配"一同消弭。然而所有这一切"只能以物质聚集地的形态展开"（Arvatov，p. 121）。

81

---

1 我发现，斯维特兰娜·博伊姆的《寻常之地》，尤其是第 1—120 页，在解释与"byt"相关联的历史意义方面颇有助益。Svetlana Boym, *Common Places*, Cambridge, MA: Harvard University Press, 1994.

　　历史上，私有制以及人们对生产方式及力量的掌控，引导了一种私人且本地的日常生活的到位。事实上，关于私人生活的理念，正是资产阶级坚持将社会生活从生产活动中分离出去的象征。作为结果，资产阶级生活以介于私人与"纯消费"之间的身份为特征（Arvatov，p. 122），并充满了市场的日常性。阿瓦托夫在此提出，在这一环境中，资产阶级成功地将事物转化为一件商品。这一举动与户坂润（Tosaka Jun）在几年之后就消费者业已变为商品形态的替身而作出的观察前后呼应。而对于阿瓦托夫来说，"资本主义之街"正是商店展示事物而事物被买卖之处，而于此间，价格的"街头起源"则被隐藏于"消费者的意识"之外。因此，资产阶级的日常生活成了私人积累——"我的东西"——的避难所，而这种私人积累，既指向"物质恩惠"，又指向"社会意识形态范畴"。

　　在这一体制之下，此刻，事物以一件商品的样态被遮蔽起来，而进入了"日常惯例的构架"，占据并打入了它的"核心"，受到了来自"对价值、罕有性及物质之古老的狂热崇拜"的推进——而这些受崇拜的对象，通过由差别所决定的事物顺序，显露了个人的社会经济地位。更为重要的是，遮蔽事物所造成的后果，在于模糊并压抑其"功利主义技术目的"及生产状态。在这一叙述日常性的关键时刻，"事物呈现一种双重含意——同为物质形态及空想形态"（Arvatov，p. 123）。消费对生产接连加以异化，将"事物联系"变形为一处主观、空想且由个人品味决定的生活视角，以制造出"风格主义"及"时尚"。"风格主义"及"时尚",此两者都只有在生产之所在及生产之状况受到压迫,且集体目的缺失的情况下才成为可能。两者也依照个体及其渴望而被区分、估价与评判,因而遵从颁布"美"或"丑"标准的审美准则体系。不过此番举动仅仅展现了叙事资产阶级社会在"美学意义上的无政府状态",以及社会中一件从未超出重新排列之目标以外的事物的消极性。事物呈现了机体劳动体力的实现,而正如阿瓦托夫观察到的那样,"作为社会劳动力的一股力量,作为一个器具与一名共同工作者"的事物,则根本不曾存在(Arvatov,p. 124)。

正如同诸多身处 20 世纪 20 年代工业化世界中的人们,阿瓦托夫也将美国视为一个具有最完备发展形态的、最大的资本主义国家,并将"崇美主义"看作一个或会借助新社会主义社会中的生产世界,而产生重新校正日常之方案的模型。对"崇美主义"的这一赞赏,被认为是源于大城市所取得的组织成果,而不是因为日常生活以及始终与之不相关的生产在实际上的融合。虽然"金融资产阶级"持续掌权,资产阶级的最新形态却重新引入了"宏大的社会生产集体化",且由于劳动力的普遍集体化进程,其所在的城市已然改变了"技术知识阶层"的角色。"技术知识阶层"如今已用一种新的典型,即巨型办公室、百货商店、工厂实验室、研究机构等构成的日常,取代了先前的日常(Arvatov,p. 125)。社会空间,从"私人日常生活"转变为了联系着物质生产的"集体"范围。自相矛盾的是,知识阶层发现,为了在理性化进程中获取新价值,自己已与"私人所有关系"两相分离，这一转变的影响也涉及了技术基层。就某种意义上来说，阿瓦托夫所指向的，是小资产阶级与白领阶层的两难困境。此两者，正如德国的克拉考尔所记录的，以及日本的青野季吉（Aono Suekichi）用作例证的那样，加速了理性化的进程——虽然在此同时，他们也被剥夺了其阶级（层）的应得权利。这一在苏联范围内的转变的重要性，在于此类阶级成功将源于生产领域的技能转向消费领域时——"从集体日常生活到私人日常生活"——所采用的方式。关于事物的知识，愈发意味着起源于工厂经验的"理性化"，而于今在其所经历的物质文化的形成中变得"活跃"。

> 得以挑出一个香烟盒，得以吸一根香烟，得以披上一件大衣，得以戴上一顶帽子，得以开一扇门，所有这些能力，这些"琐碎小事"获取了它们的资格，获取了它们不尽重要的"文化"，而这一"文化"在经济与精密度最大化的情况下，在事物与其目的内聚力最小化的情况下，寻得了它的意义。（Arvatov，p. 126）

在今和次郎的文本之中，这一对于最为琐碎姿态之重要性的观察，被变形成基于挑选具有使用价值客体时的理性之上的设想新主体定位之形成的机会。对组织并掌控大都市事物间大规模网络之必要性留下深刻印象的阿瓦托夫，在这一文化生产的新理性化模式中，则看到了一个新的独有特性的形成，目睹

了真正意义上受到"手势、动作和活动的形式"之知识掌控的
新的主体定位。体育文化，这一表现"人之新形象"的极多姿
势及运动，迫使心理倾向的演变在其关联结构下变得更加"如
物一般"。描述在或被称为"功能主义"（functionalism）的思
潮中——在此之中，阶级、钢铁、混凝土及人造物质不复需要
依赖装饰性遮蔽物，而于如今"为自己代言"（Arvatov,
p. 126）——涌现的事物的手法，如今是显而易见的，事物的
内容也无疑遵从于其形态。然而形态却又"把它的地盘割让给
了事物功能的首要性"，以及其首要性构建时所采用的方式。
84　日常所消费的事物，"一度是静态且死寂的"，而通过"机械
化"（machine-ization），它却在如今从属于生产的进程。因此，
生产的新物质形态以及重新组织这些形态的必要性，在形成
"事物的一元论"的过程之中甚至比社会的集体化更为重要，
因为它决定了物质消费形态的形象，而物质消费形态现在与之
分辨不清。生产方法深入了日常生活，而日常生活则转而使之
成为可能，并因此把自身"贯注"入生产进程，使之与劳动力
条件更为协调一致。苏联社会是第一个揭示这两股倾向之融合
的社会，阿瓦托夫相信，这一融合的最终实现，只可能伴随着
社会主义的充分成熟而到来。

　　虽然社会主义与资本主义两阵营之融合存在于"崇美主
义"之中，资本主义却并不处在使之实现的境况。依据阿瓦托
夫所言，失败的原因在于其与事物的关系中缺乏"动态的劳动
架构及个中鲜活力量"，所谓架构与力量仍是孤立的，是一自

在的事物，是商品的完美形象，是"无灵魂的"。资本主义对于本性的渴望，被其"背离"与"疏远"所击溃。出于同样的原因，事物被本性剔除在外，就好像事物仅在其内部拥有价值，而与朝向"恋物癖"之存在的引导并无关联。他对于可以解决社会生存问题的新生产技术的热情，使之对改善"社会"与"本性"之间的断绝状态的可能性表示信服，虽然理性化进程已将学科的本性引导为其相应的科目。借助电力与广播，技术系统逐渐涉及由人力组织的各项工作。"在此，"阿瓦托夫宣告道，"能量形态的生产与消费是以同样的方式展开的：具有纯粹形态的本性穿透了社会并成为日常生活。"（Arvatov, p. 128）然而无论是阿瓦托夫，还是苏联社会，都没有实现树立此一日常生活的计划——此一日常生活与生产结盟，且其中的消费遵从的是物质性及物质实用性。而在此时，商品形态事实上已被排除在外，其影响在别处被体察出来。在德国，本雅明在他著名的《作为生产者的作者》（"Author as Producer"）中重新思考了艺术与生产的重聚中内在的可能性，而在日本，今和次郎的都市研究产生了一种主观性理论，其根源在于知道如何根据其实用性来消费事物。但最为重要的是，阿瓦托夫通过使日常生活与劳动者，而不复与资产阶级生活的消极他者产生关联，对此种影响作出了解答。这一解答一直维系到米歇尔·德塞都断绝了这一结盟，并将日常性转变为以策略与战术的无尽循环为特征的社会生活那静态且不确定的形象，类似于阿多诺一度就卡尔·曼海姆（Karl Mannheim）对一门知识之社会学的构想作出观察而得出的、将其类比为无休止抢座位游戏的评论。

在资本主义制度下的西柏林，克拉考尔与阿瓦托夫就事物之世界的定义有所共通，克拉考尔的定义却起源于齐美尔及其模式：他将齐式模式作为日常生活之焦点、将齐式模式视为把握一贯短暂的现代性的最佳方式，而在事实上加以体验。事实上，与其说是齐美尔，不如说是克拉考尔，通过来自"自明"之地，尤其是来自 20 世纪 20 年代及 30 年代早期的德国白领劳动者之生活的对比，将日常性视作一处"异域世界"，一个"未知所在"。日常生活实质上是一处"未知领域"，正如克拉考尔随后在他的《历史：终结前的最终事》（History：The Last Things Before the Last）中为描述它而所作的思考那样。[1] 本雅明提出，克拉考尔就那受到遗弃并被遗忘的现代性瓦砾所作出的所有考量，形成了"一片日常的世界，一处建成的'此处'与一瞬实现的'此刻'之间的冲突"。正如同与之处于同一时代的日本人户坂润——户坂赞扬新闻业的重要性，声称其为受到学术圈人忽略的日常生活的历史性标志——克拉考尔亦偏爱一种形态，即所谓文章，其长度似乎与逐渐打入日常生活的新客体完美契合。甚至在他就白领阶层所作的《雇员们》一书中，他同样旨在唤起人们注意这一形态，因为它类似于冠有适时且抓眼标题的短篇文章的堆积。

---

1 Siegfried Kracauer, *History：The Last Things Before the Last*, Princeton, NJ：Marcus Weiner, 1995, p. 4.

若说克拉考尔的立论之处乃是居住于柏林城区的白领阶层，那是因为他正如维尔纳·桑巴特（Werner Sombart）一样相信，相较于工业，大城市更多受到的是"挣取工薪的雇员与公务员"的掌控。对他来说，柏林已成为一座"拥有显明雇员文化的城市"，而这也意味着它由雇员成就，为雇员存在；在这里，雇员们置身于通过多样活动来书写城市历史的日常性之中，他们生活、工作并游戏。对于这一历史的拯救，是克拉考尔对新闻报道所作构想的中心，但并不意味着"被观察到的现实的再现"——即使他承认，新闻报道及其对"有形存在"的投入，尽管没能"捕获现实的时间性"，但仍须与理想主义的空想并置。正是因为观察尚未"通过斡旋接近现实"，现实必须是一种建构。虽然能否抵达社会的有形现实取决于观察，观察所得的报道却并不必然指向真实发生之事。对克拉考尔来说，真实，类似于一块"马赛克"，它由"单一观察"拼凑而成，并通过对其意义的一种理解获得强化。"报道摄下了生活；此般的马赛克应是它的形象。"（A，p. 9；SM，p. 32）

然而克拉考尔并不是作为一名报道者，甚至不是作为一名受到以辩证思想"揭去掩饰"之渴望的驱使而投身于分析研究的"正统马克思主义者"来介入这一形态的。如本雅明所说，他像一名"拾荒者"，筛滤现代生活的残留，以期获得或能道出"组成日常生活的小小灾难"的碎片。通俗小品（feuilleton）的形态叙述了一块块使日常生活变得凌乱的碎片，它们总是将被收集起来的新颖事物变化为被齐美尔特许为分析客体的快照。"决定一个时代在历史进程中所处位置的因素中，比起借助时代自身的判断更为有力的，是对其无关紧要的表面表现形象所作的分析。"（*MO*，p. 109）纵是如本土行为学家柳田国男与马克思主义哲学家户坂润那般不同的日本思想者们，针对"正是无数客体形成了日常生活"这一观点，也表达出了类似的赞同，只是他们将此所谓无数客体称为"民俗"，"民俗"起源于过去，而如今则是现代的当下。对他们来说，新旧事物的相遇，远比在政治经济现代化中那更为宏大的所有权更能精准地确定日常生活的历史真实性。而对克拉考尔来说，这一追求，旨在从现代新事物出发而对日常性加以改正，"使其所有权获得承认……但尚未获得认可"[1]。正如同一篇新闻报纸所刊的文章，这些碎片揭露了历史的一种隐藏的存在，一种被时尚与新颖事物的利益所压抑的日常生活的表面现象。

87   如果克拉考尔转向表层现象，转向显现于各处的日常生活之琐事，这一转向的选择便会受到所谓越过即时呈现之物向远处看的策略的推动。通过这一对于物质形态的回归，物质形态的存在问题得到了解决，而回归本身则意味着从无意义以及一个不总是可知的客观世界之处进行提炼，在这个世界中只有等待的承诺处于"悬而未决的开放性"状态。如同齐美尔，克拉考尔对人类理解客观世界影像并从中取得持久、稳定意义的能力鲜少感到乐观。在他名为《等待之人》（"Those Who Wait"）

---

1 Kracauer，*History*：*The Last Things Before the Last*，p. 4.

的论文中,正如其著作《侦探小说》(*Die Detektiv-Roman*)与《雇员们》中提到的那样,他将这一客观世界描述为一个不曾提供庇护或意义,却只造成了"无家可归"的世界,一个被已经获得"第二天性"外表的冷漠风俗所支配之域。[1]"这一世界等待着,而其等待,是一种悬而未决的开放性……难以对此作出解释……它应该首先考虑那些既已逗留且仍在关上的门前逗留的人;因而,当那些人毅然承担这一等待之时,他们便是在等待此处及此刻。"(*MO*,p. 138)即使是旅馆大堂,作为一块支配克拉考尔就侦探小说展开论说的空间,促进的也是"毫无意义的共处"。聚集在彼处的人们"变得超脱于日常生活",而这种超脱对一件商品的重新形成不造成任何影响,只是迫使"人们从日常拥挤喧嚣的非现实处离开",而移至"另一处……在那儿他们遭遇了空白"。(*MO*,p. 176)

克拉考尔所指向的,是那些"避免对某一特定信仰有所皈依"的都市中产阶层。他们不能聚合成一个意义的团体,却获得了充足的财富及文化资本,"以和其对于自身时间的警觉态度一起生活"(*MO*,p. 129)。(我应该指出的是,克拉考尔将宗教团体视作一种团结且富有意义的形态。"宗教团体总是通过宗教集会带来的教诲来重新构建自身,这一高于日常的提升,防止了日常的没落。"这样的看法,无疑展现出其向韦伯

---

1 参见 Frisby, *Fragments of Modernity*, p. 183。他提出,"无家可归"的这一意义正类似于卢卡奇早先在《小说理论》(*The Theory of the Novel*)中关于"先验的无家可归"状态的言论。

思想的回归。）这一都市中产阶层及职业阶层在孤独中度过了
他们大部分的时日——他们在日常生活的"拥挤"及"喧嚣"
之中，忘却了自己的"内在本质"。他们在"嫉妒的悲伤"中，
在抽芽自"世间意义"之缺失的形而上的抑郁中，在"缺少目
的的目的性"中倍受煎熬。存在于空无一物的空间中，他们是
被绑定了的"不幸之同伴"（*MO*，p. 177）。对于一个毫无意义
的日常世界来说，商品打入了它的内部，它则"不经意"推动
了琐碎的对话——对话"针对完全无关紧要的客体，于是一者
便可能在表面状况下遭遇另一者"（*MO*，p. 181）。它使"大众
装饰""抽象者""模糊者"得以发扬，自身则受到来自"并非
理由本身而是一个模糊理由"的"资本主义经济体系比率"的
支配（*MO*，pp. 83，81）。另外，他宣告道，人类主体已被
"抛入了空无一物之时空的极冷极远之处"[1]。

　　虽然克拉考尔将日常生活视为空无一物的，但他又决意回
归到具体经验的时间性，尤其是那些"表层级的表现"中去。
这些表层级的表现，"由于其无意识之本性的长处，提供了引
向事物所处状态之中基础物质的直接通路"（*MO*，p. 75）。一
门形式上的、经验主义的社会学对于这一回归工作来说已不复
充分，正如齐美尔业已论述的那样，因为当其被混乱——这些
属于于今缺失的、具有意义的一致性的个体碎片——占据之
时，世界已不再充满可供认知的含义。值得铭记的是，克拉考

1　Frisby，*Fragments of Modernity*，p. 120.

尔同齐美尔及其他直面现代性之大观的社会理论家一样,假定了一个团结一致的世界的前提式存在,并以此解释同时代经验的碎片化本性。作为一条策略,它回应了滕尼斯(Tönnies)在共同体(Gemeinschaft)尚未成立之前就共同体作出的假设。然而立下结论,认定这一先前的想象并非在事实成立之后才得以出产,认定假定的联合不是要赋予研究分析——它着重于一条即时给出却呈碎片化的经验的表面——以正当性及意义,是极其困难的。用于将即时现实加以归目的、抽象的形式范畴,只有在"一个充满着意义的时代"[1],才能够发挥作用。此间取而代之的,是为当下所需要的,一门致力于查明"表象的存在及表象的事件"的现象学。"事物所处状态的知识,"克拉考尔写道,"取决于对于处在表层级别之表现的阐明。一个时代根本上的缺失及其被忽视的推动力相互解释了彼此。"(*MO*, p. 75)在对一种能够对"表层表现",即对日常生活的实验性及表层性作出解释的、修正马克思主义的呼吁中,他告诉恩斯特·布洛赫(Ernst Bloch):"整体的概念不应该使人看不到表面生活的实例。对我来说,从实在且表面的事物出发,似乎并不被排除于名副其实的革命理论之外。"[2] 89

克拉考尔对日常生活实在的时间性的显明回归,与齐美尔及本雅明之所为一致,着重于碎片,着重于生活的残余,着重于旨在提示哲学含义的警句。克拉考尔在《侦探小说》(1922—

---

1 Frisby,*Fragments of Modernity*,p. 120.

2 转引自同上书,第 125 页。

1925）中宣告了对日常生活中真实事物——其物质性的回归。而《侦探小说》是表面的、无关紧要的事物之实例，并因受到宏观日常生活的要求而代替微观世界。但是在克拉考尔的短片论文集《大众装饰》（1927），以及他就白领阶层所作的先锋著作《雇员们》（1930）之中，他展现了自身针对实在的时间性的手段，以及在日常生活表层之下读出被排除在外之历史的能力。在这里，克拉考尔的目的在于去除神话色彩，而呼吁对韦伯早期的认知——其标志着西方历史的去神秘化进程，乃是一条承诺揭露神话是如何将理性作为装饰而持续润色并隐藏的策略——加以重视（*MO*，pp. 80-81）。

这些论文中描绘的世界，是经由美国的物质文化，以及赋予日法意特质的历史经验被传达出来的，克拉考尔将其称作一门由"美国娱乐工厂"出产的文化地形学（*MO*，pp. 75-76）。这一"美国化"的典型，便是"替勒女孩"（the Tiller Girls）。她们那比肩机械的精准度，可与流水线媲美。他观察到，"工厂中的手与'替勒女孩'的腿相配相称"（*MO*，p. 79）。与芭蕾这一仍然与情色生活——它"既使之兴起又决定其特征"——保留关联的舞蹈相反，"替勒女孩"所兴起的大规模运动，仅仅展现了"数学"（*MO*，p. 76），而且"发生于真空之中；女孩们是一个线性的系统，她们不再拥有任何情色含义"，且在这一系统之中，装饰成为一个止于自身的目的。表演，无时间性，无历史性，没有实质性的内容（*MO*，p. 77）。对于克拉考尔来说，大众装饰是"资本主义生产模式所追求的理性在美学意义上的反映"(*MO*,pp. 78-79)。它是一场以抽象概念进行掩饰的"杜撰出来的狂热"。当"替勒女孩"等大众装饰被拿来与"其他物质的展现形式所具有的实在的时间性"进行比较之时,其对理性的呼吁则被视作一种"幻觉"(*MO*,p. 83)。理性不能穿透大众装饰,因为大众装饰的"典型",诸如商品,仍"不是通过言语被表达的"。予它以生命的比率,也将所有的生活从构成它的元素中排除,它经不起推敲,以至于无法在其中发现人,乃至历史或知识。理性因此在"资本主义比率"处了结,以出产一种"理性且空洞的狂热形态,其毫无特定含义可言"(*MO*,p. 84)。

大众装饰与地标及城市的航拍图片最为相似。这是因为它从来不由事物内部及一系列境况处涌现,而是影影绰绰地俯视着它们(*MO*,p. 77)。如同摄影,大众装饰与它的持有者两相分离,并始终处于当下之中。摄影与历史主义同有缺陷,两者都擅自想要呈现一种连续体——前者想要在空间上,后者想要在时间上加以呈现。这种联结的重要性在于,无论前后两者如何寻求去掌握呈现为空间或时间的连续体,它们都不能意识到真正的关键所在。而克拉考尔认为,注定只有记忆才具有指明关键之处的功能。虽然记忆既是碎片化的,又在时间上不连续,它的图像却能拥抱现实。储存着为意识所回想起的特征的图像,与被认作真实的事物互相关联。因此,这些图像与其他所有的记忆图像都有所区别,因为它们所保留的,仅仅"涉及"那些已被"公认为真实"的事物。相应的,记忆则保留了最新的图像——最为难忘的图像。

　　克拉考尔对于一人的最新图像即为其"真实的历史"此一说法表示信服。无论是摄影还是历史，都不能提供这样与事实联系的图像。由一块碎片出产的历史，并不是一段充斥于时间连续体始末抑或照片空间中的叙事；它是"花押字"——由具有意义的字母组成的缩写。摄影，以及历史实践的公认准则，仅在掩埋个人的真实历史方面取得了成功——个人的真实历史，"就像被埋入了层雪之下"（*MO*，p. 51）。对于那些透过雪层发出微光的特定历史来说，其对摄影所展现出的表层的连贯性"必须被毁灭"（*MO*，p. 52）。克拉考尔将被他视作具有呈现空间外观之意义的艺术作品，与其中物体的空间表现即为其所散发的所有意义的摄影此两者进行了对比。在摄影及历史主义两者之中，对逼真事物的呼吁，在事实上抽空了意义。不同于记忆的做法，摄影抹去了遗留在一段被忘却历史之中的原创事实内容。"它仅仅抓住了历史排出的残留"以及"花押字累积下的沉淀"。结果，摄影与诸如时尚的时间绑定，主要是因为这样的时间仅暂时具有重要性，"就如同人的外表"，"在摩登时明净玲珑，在年老时备受唾弃"（*MO*，p. 55）。历史就曾经时尚的事物说得最多，虽然时尚中的新事物并不对历史性事物加以承认。在摄影中，当一度设想环境及图像的"被解放的意识"离去不在时，表现便仅能成功捕捉到环境及图像而已。而在如今，它仅仅构筑了"存在的秩序"，却罔顾这一秩序"未想接受"时间的消逝及含义的迁移，便已逐渐消失。这般摄影作品寻求排除的，是死亡自身的恐惧标志，是它的集合（通常伴有记忆图像），乃至终究是历史。于其所处时代的插画杂志中，日常生活被塑造成"摄影的当下"，而这一摄影的当下被"永恒化"了。远不同于从死亡及历史处的逃脱，这是日常生活向此行为投降的标志。

在克拉考尔对于日常生活的构想之中，这一被永恒化了的当下——毫无疑问受到了齐美尔的启发——仅仅呼吁，要排除柏林等大城市的资本主义所提供的无尽"娱乐"之中的死亡及历史。而那些被他在 1930 年的著作《雇员们》中定义为白领工作者的新中产阶层则体验着这一当下。同时发生却偶呈一致的，是日本的文学批评家、作家青野季吉在克拉考尔著述一年以后围绕日本的中产阶层写就《工薪阶层恐怖时代》(『サラリーマン恐怖時代』) 一书。青野，如同克拉考尔所做的那样，研究分析了日本城市中新中产阶层被新商品的消费压垮，且此消费不复能满足其期待之际，其所保有的心理状况。 92

克拉考尔之书将新闻报道与都市民族志联系起来，通过观察及采访，出产了一系列针对处在工作与游戏状态的大城市中白领阶层的快照研究——即言一系列体验此一阶层生存现状的模式。这些白领劳动者，如同他们的日本人同伴，在产业劳动与大公司间受到挤压，由源于前资本主义经济的旧层，以及基于处在商贸、官僚与更为新型服务产业中的工薪阶层的新层所组成。吸引克拉考尔的，似乎是白领工作者们对于将社会等级或地位进行分组（站定立场）的身份验明的渴望，以及他们对无产阶级化的拒绝。因此，他们坚持高举一幅勾勒其与产业劳动者之间社会距离的图像，自认在社会意义与文化意义上都高于他们，虽然其在经济上并不富裕。而德国经济持续的理性化进程，则让劳动者获得疏远、分化、失范的经验。与拥有预期，要通过"通行的马克思主义概念"来被告知意义的产业劳动者相反，白领工作者"在思想上无家可归"。经济发展导致的基础的倒塌，使他们被逐出"其先前所居住的、充斥着资产阶级理念及感受的屋子"，而"一种业已消失了的资产阶级生活方式缠住了他们"（SM, pp. 82, 88；A, pp. 76, 85）。他们生活在当下，却没有信条指引他们。克拉考尔记录下了白领工作者在无意义的地标中所追求的道路——尤其是那些确保了即时"娱乐"、确保了散发光芒的"客体"诱惑的活动。人们在酒吧与咖啡馆度过如此多的时光，是因为家中的生活是如此悲惨，而且"他们想要体验刺激"。

　　家中的生活，包括了日常以及"寄宿"生活，正如面向白领工作者的杂志中的广告所表现的那样。娱乐的详细目录，涵盖了"酷喜乐铅笔"、痔疮、脱发、床、绉鞋底、白牙、回春修复、咖啡消耗习惯、录音机、作者的痉挛、他者的现身导致的战栗，以及每周分期付款购得的优质钢琴。"女孩大部分出自朴素的境遇，而被魅力之物所引诱。"严肃谈话解体，而成为源自"女孩们或有所享受的环境"的娱乐。在柏林等城市之中，这些工作者们聚集在一起，组织起自己的"庇护所"，即那些"使人以很少钱财感受世界之广"的巨大俱乐部房屋

(*A*，p. 85；*SM*，p. 88)。这些庇护所"仍为栖身于大城市者对魅力与娱乐的饥渴"。克拉考尔在更早的论文，如《小店女孩看电影》("The Little Shop Girls Go to the Movies")及《当代电影及其观众》("Contemporary Films and Its Audience")中最先观察到的，乃是当代电影，甚至也因不能检验其过分行为或基础原理，而废止了事物的存在状态。有插图的报纸及杂志以相似的方式运转着，以使人们对"伪造的社会高度的虚假魅力"保持迟钝。而反复出现的画刊主题，则将实质性事物送入了一个"图片性贫血"的状态，"将存在其本身置于括号之内"。"图像的飞逝，"他宣告道，"是从革命及死亡处的逃离。"(*A*，p. 93；*SM*，p. 94)借助同样的形式，体育，鉴于它未能改革社会关系却只能将其去政治化，便只是"大规模压抑状态"的一种症状了。

克拉考尔对于白领阶层所经历并体验的日常生活的检验，旨在展示伪意识的持续性，以及团体表面上的真实利益是如何经常在娱乐中被干扰、陈列的。而他自身的对日常生活实在之物的回归，则标志着日常生活对宗教慰藉的一步远离——如同齐美尔，甚至卢卡奇、本雅明、韦伯对非日常性的了解那样——此种日常生活的主要目的在于就公认经验作出报告，并为了使得克拉考尔身处的知识分子阶层趋于政治化等并不明确的目标而揭去自身之遮蔽(*MO*，p. 94)。然而克拉考尔对日常性的实在当下的回归，既肯定了它的永恒性，也回顾了它已被抹去的历史。对白领阶层的检验，描述了

"由比率导致的解体"的后果。一旦所有实质性内容被清空，这些阶层除了"无内容思想这一必须遵守的中立状态"，便不复屈从于他物（*MO*，pp. 113，93）。经济及社会系统在"这种思想的无言"中避难。最终，克拉考尔深信，"等待"的一者的承诺仍然存在，只是此一者将中心从一个"理论上的自我转移到了全人类的自我之上"，且此者离开了一个不真实的世界，而拥抱了一个现实的世界——对克拉考尔来说，这亦是一个具有"悬而未决的开放性"的模糊世界（*MO*，p. 139）。而历史也被迫作出等待，就好像在某些瞬间的启迪之中，它或将揭露自身以及其所必须领受的教诲。以这种方式，"悬而未决的开放性"又可被解读为对于克拉考尔那介于齐美尔与卢卡奇的不同计划——其皆旨在冲出物化的铁笼并获取主客体的本体——的永恒化当下之间的状态所作出的描述。只是，它并不安静。

　　是本雅明将克拉考尔《雇员们》的写作目的鉴定为解释"日常生活，即有人居住的此处，以及被体验着的此刻的一部分"（*SM*，p. 111）。但是，想要把握这种"日常"，就需要理解"工薪阶层"的生活经历。本雅明认为，当今没有任何一个阶级比工薪阶层对"其日常存在的具体现实"的思想和感觉更疏离（*SM*，p. 110）。因为这一阶层与"生产进程有着远非直接的联系"，故而较之于具有人情味的私人关系，它发现自身与通过大型组织起作用且蒙受物化的"人际关系"更直接相关。正因为此，克拉考尔被迫建构起针对工联主义的批评。通过在劳工法庭上的采访及观察,他发现,工会声称要代表白领工作者的诺言出产了相反的结果。工会不仅不能将雇员从意识形态的桎梏之中解放出来,反而还加重了他们的负担。"如果……贸易联盟提议一项对于经济生活的理性安排,而此安排会给个体活动带来一些可被理解的意义……那么它所寻求的是提供一点具有内容的意识,且意识并不会改变联盟与机械化工作之间的关系。"一旦这些内容确切地成为一种财富,它们便会"蒸发",毕竟它们在早先只是被用来"填充人们,或将他们抬高至其日常存在以上"的。个中目的,是通过"如同药品般派给的精神缓和剂",去除机械化的缺点。然而对此灵丹妙药的兜售本身,便是其试图消灭的物化的一个标志。"它是持续的,"克拉考尔补充道,"基于一种观念,即这些内容展现了将被传达的现成事实。"(*A*,pp. 104-105;*SM*,p. 102)他称这样的灵丹妙药为文化商品。它如同对于社区的构想一样——取自"资产阶级厨房的碎片",而如今则削价出售——没有表达志同道合之人的集体性,而只表达了对此集体性的憧憬。这一表达仅仅揭露了它的操作:假装要确定其应该体现的集体性之含义,却在实际上避免出产得以建立、维系社区之知识这一更为艰巨的使命。克拉考尔提出,独自面对死亡的个体,永远不会"沉浸"于集体性中以确定集体性的终极目的,反而会通过知识——借助此知识,社区或也将出现——来寻得自我构建。"所谓关键的,"他补充道,"并不是习俗的改变,而是人类个体对习俗的改变。"(*A*,p.109;*SM*,p.106)

正是被克拉考尔及他人在日常生活中认作一条被体验过的经验及一段历史（他及他人称其为历史主义）的、所谓对死亡拒绝承担责任的态度，"记录下了时间的时间持续性"，而个中联系却并不能容下历史那一目了然的特性。这里所说的历史，部分解释了海德格尔对死亡的重置。死亡作为授权条件，使得历史重新被概念化为重复，使日常生活重新被概念化为真实的存在。如果海德格尔将历史单纯视作一种时间顺序，而其未能"保存"下意识在事件的连续性中所读出的历史，那么他自己对于问题的解决方法，就永远不能超越对于世间——历史主义及摄影于此间都错过了展现关键之处的机会——的记忆图像所扮演的一个新角色作出的展望。而《存在与时间》（*Being and Time*，1926），在诸多事物之中，则是对于存在这整个问题的有力的重新思考，并最终与关乎现代性及日常生活的思索联系起来。它鉴于一种不可信的日常存在，对历史作出了再概念化，提出了似乎只有本雅明才会愿意应对的挑战。[1]

我所意指的，是海德格尔对历史照其通常被理解的那般作出的识别，以及其与一种非美学日常之间的联系，导致了就两者进行的重新思考，以及在我看来，围绕其与本雅明试图提供另一选项而提出的历史唯物主义方案间关联模式而展开的重新思考。我想说的是，海德格尔对于存在与时间问题的再度发声，最终使得日常性与历史之间的关系成为一个问

---

1 Martin Heidegger，*Being and Time*，trans. John Macquarrie and Edward Robinson，New York：Harper San Francisco，1962.（文中引为 *BT*。）

题,而向接下来所有想要将历史认作当下的尝试提出了挑战。不同于克拉考尔在未能贯彻某一方案的情况下便对另一类历史作出呼吁的可能性,本雅明从历史出发,即言从前历史出发,向着历史构架的一种构想来推进工作,而罔顾此构想依赖于重复,且站在了海德格尔的历史性概念那显明的对立面上。这一不同启发了两者如何相继面对日常生活及历史时间性时。

比起处于两次世界大战时期的其他思想者,海德格尔处理了更多关乎日常性之地位(Alltägslichkeit)及存在坠入常人之世界的问题。虽然根据克拉考尔所言,是胡塞尔将哲学提供给新发现的日常,并将这种日常命名为"社会生活之世界",但是是海德格尔,通过许多方式清晰地识别了现代性中的日常——尽管他将这一日常贬为现代性的原始维度,并为了所有接下来的讨论重塑了对它的理解。尽管如此,将这一重塑与齐美尔、韦伯、卢卡奇等人同时代的讨论分离开来的做法却是错误的。他们的著述与海德格尔的伟大文本产生了共鸣,他们对日常性及历史的系统阐述与克拉考尔、本雅明、马尔库塞(Marcuse)的工作相互呼应。

海德格尔的目的,是在不同于普通日常生活及其史料编纂(historiography)的时间性架构中重新定位存在之存在(Being's existence),以"努力使此在(Dasein)疏离其真实的历史性"(BT,p. 448)。这一行动需要构建一种被他称作"真实史学(authentic historiology)"的史学——这一史学或会剥夺"今日"

那作为"当下"的角色，此举"成为令自身痛苦地超脱于'今日'那正在衰退的公众性的一种方式"（*BT*，p. 449）。他提出，存在的"不真实历史性"扎根于"日常性"中，这是显而易见的，而一种真实的历史性必须在"此在那原始的时间性"中被再次发现（*BT*，pp. 428，429）。海德格尔自然地相信，存在之原始性衍生而来的真实的时间性，发源于对死亡的预期。"免于死亡的存在"赋予了此在以目标，并将"存在之存在推至有限之处（finitude）。"（*BT*，p. 435）这一对死亡之预期的认知，以及随之而来的存在之有限，揭露了存在的"原始历史化"。"原始历史化"本身扎根于一种对抗混乱之反复无常的"真正的坚定"之上，并开启了通往将会剥夺"今日"那作为"当下"之角色的、"具有预测重复之远见的时刻"的道路（*BT*，p. 442）。（日本哲学家户坂润，正如我们即将所见的那样，试图保留此一处于今日与当下之间的特征，以把握其所标示的历史性之时刻。）时刻，脱离了所有与"他们"相关联的因循性（*BT*，pp. 443-444）。

海德格尔将真实性（eigenlich）视作个人据有其所有的一种行为，这便意味着在面对自身之死亡的情况下，个体宣告并选择自己的命运。真正的历史，是指对于"各种可能性"的预言性的重复，而与混乱、无联系，以及失于他们的世界中的分散性，都呈相对关系（*BT*，p. 442）。在这一他们的世界，这一为克拉考尔及齐美尔所描述的臭名昭著的怀旧世界之中——虽然海德格尔没有就此给出社会学上的具体说明——选择是被避免的，因而人们不能重说重做一度存在之事，而只能保留作为残留存下的"实在""残渣"以及"在眼前展现的信息"。一旦过去沉迷于将当下变为"今日"，它就只能从当下的角度收获理解。于此，海德格尔摒弃了与克拉考尔已使其丧失信誉者同属一类的历史主义——其仅意在填充时间的连续性——并且不再考虑本雅明对于追求"普世历史"的历史实践和走向"相同"的令人窒息的进化轨迹的否决。在海德格尔再次进行的系统阐述中，刻于日常生活之上的不真实历史，是参考"过去"之遗留——过去寻求对现代的实现，而"变得不可被认知"——而被掂量的（*BT*，p. 444）。对海德格尔来说，当"现代"正被人们所体验时，它便是日常生活。尤其值得强调的是，日常性再次被括入了消极性之域——而随后研究日常性的历史学者则试图撤销这一论断，并将其作为积极经验之地而重新进行编码。

《存在与时间》的逻辑需要以原始的一致性为条件，这便 98 也意味着逻辑向存在的基础世界的回归——回归到它的日常性中（*BT*，p. 151）。然而被即刻提出的日常性，又是一个丢失了自身的"我"的西行。因此，要对此在的"谁"作出回答，海德格尔相信，在"距我们最近"、距在其所遭遇的世界中的他者最近的环境之中对存在加以分析研究，是十分必要的。在这一其所遭遇的世界中，此在了解到，自身的能力已被引入歧途，并不快地阻塞了存在或可享有的不同可能性（*BT*，p. 163）。因而存在在替代物中避难，坠入了一个向存在隐藏了其自身所据有的可能性的、平均而平庸的世界。在这一即时的环境之中，即在"近在眼前"的情况下，"此在那关乎存在的日常可能性，被他者所持有并销毁，却又能被任意他者所代表"。海德格尔所提出的存在的"谁"，单纯只是"他们"的"中性形式"，因为它既非那一者，又非其自身；事实上，它甚至不是"所有的总和"。而树立"他们"的"独裁"情境且又近在眼前的环境，便是海德格尔所称的"公众环境"（public environment）（BT，p. 164）。通过对公共交通及报纸等信息服务的运用，每一他者皆与身边之人相类。这一集体的"他们"象征着寻求毁灭差异之存在的可能性的平均化，或说直至同一水平的衰降。与此同时，除了日常性的存在，其他所有事情都是不确定的。公众性（Offenlichkeit）设法使所有事物变得模糊，尤其是在世界——一个在根本上对所有事物而言都"熟悉"且"易懂"的世界——被诠释的方法方面更是如此。

在这一环境中，因为宣告的场所总是不确定的，故而人们没有作出回应的可能，也不能履行责任或义务。始终是"他们"作出声明，便也仅仅意味着，"无一者在"。阿多诺随后将交换其自身，与对于不活跃状态的构想联结了起来，因为其与"交换者"经常经历的"调平"（leveling）——通过使"他无可避免地沦落至对等形态"而达成的调平——颇为相似；而所谓对等形式，便是对政治经济借助社会工作的角度来理解交换价值的批评——便是平均所花费的时间。[1] 在这一不真实的日常世界中，每个人都是他者，如同流水线上的手一般可以互换，

1　Theodore Adorno, *The Jargon of Authenticity*, trans. Knut Tarnowski and Frederic Will, Evanston, IL: Northwestern University Press, 1973, p. 104.

每个人都不是其自身。故而自我被他们"卸下了负担"，存在
则不再能"凭自身独立"，无助且不快地坠入了不真实中 ⁹⁹
（BT，p. 166）。海德格尔将这种坠落的状态称作"他们自身"
（theyself），他相信这一状态阻止了自我在死亡面前发挥出焦
虑的无畏（BT，p. 298）。"他们"的日常生活提供了逃离死亡
的避难所，而事物那没有时间性的连续性又提供了一面持续存
在的外观，以及一种死亡降临于他者的幻觉。这种坠落的标
志，便是诱惑、稳定及疏离（BT，pp. 298，210-224）。

如果说海德格尔对于日常性的系统阐述模糊了存在之确实
存在的原始性，是为了使之与阻止人们认识到自身确实利益的
厚重意识形态的屏风有所相似的话，那么如同卢卡奇业已提出
的一样，这一阐述也谨慎地避开了社会形态的明确性。然而同
在的，亦有其对于"闲谈""聊天""疏离""平均"的频繁呼
吁，以及将其与一个已在具有广阔都市中心的现代与大型社会
中被体验、经历的世界等同起来的趋向。被卢卡奇视作一种堕
落或处在退化状态中的、不真实的日常生活，明显是"置身世
间之存在发展的潜在趋势"。对于真实之存在的实现，亦未漂
浮在日常性之上，而仅仅代表了一种"紧紧攥住日常性的改进
方法"。在某种程度上，这一目的为本雅明所共享。本雅明在
其后期著述中愈发远离宗教，而转向日常生活所提出的实在
性，以期将实在性从被贬抑的状态中挽回。海德格尔承认了这
一状态，并寻得了对其加以"改进"（modify）时所需的坚定。
事实上，是这一对即时被给出的实在之物——其为一种历史构

成，而不是原始一致性的流逝，或对于近似政治行为而非为重复理论所欠缺的生活架构的构想——的回归，解释了本雅明与海德格尔间实质性的不同，以及他们的政治立场。本雅明在社会意义上的独特，以及他在著述中对于历史形态的敏感，与海德格尔的不确定及模糊如出一辙。然而我们又应该记起，两者都尝试将他们理解为历史主义的种种再度概念化，以此将一段被掩盖的过去所提出的可能性从表层惯例中拯救出来。当下及其日常，或将成为表现被本雅明称作"爆破作业"（blasting operation）之举的所在。恰似海德格尔在社会意义上并不独特，本雅明对实在性的推崇也浸没在了日常性及城市所有可被认知的形态之中。在其早期著作之中，他呼吁一类知识，其要包含多重根植于"经验的实在的整体性，即存在"之表现。[1]

几乎在同时，日本哲学家户坂润宣告，思想作为日常生活出产的一种实在性的标志——它的历史性标志——其自身正在变得"日常化"（quotidianized）以迎合并推广现实概念的哲学抽象主张。此处所言及的现实，把针对即时的、表述性当下的考量移至过去。户坂，如同本雅明，其后摒弃了这一对于"现实"的构想，单纯将其作为伪实在性——作为表面的一种形态——来强调实在的当下以及"真实性"的理念。

需要指出的是，海德格尔与本雅明之间显然的相似及差异，在他们对时间及历史时间性的构想中变得极其明晰。海德

---

1 Walter Benjamin, *Selected Writings*, ed. Marcus Bullock and Michael Jennings, Cambridge, MA: Harvard University Press, 1996, vol. 1, p. 110.

格尔将时间命名为模糊及非真实,而本雅明,正如我们理应看到的那样,将其描述为进步。然而,两者都在实践中设想了种种当下的连续及累积,因此将现代性视为一种唤作"新兴"之物或当下之尽头的时间性。关乎当下的一处尽头的理念,使得对时间的完全拥有成为可能。我们必须记得,海德格尔已经论争过在认识到此在之有限之后——在它被"丢弃"之后,在它成为死亡的一种存在之后——再对时间作出思考的必要性。即使如今的存在不具有根据,它仍在身前持续不断地进行着"投射"。因而它便是此在的有限,是时间中此在的路线,允诺了真实亦不真实之时间性的可能性。

不真实的时间,充斥于对理解的有限不能进行正确认知、将此在偏义为死亡之存在等不真实的理解之内。根据海德格尔所言,这一从真正主宰处的偏离,是通过未来、当下及过去的三重不真实而达成的:"等待"及"恍惚"根据预测,将会承接并取代事件之所在的下一时刻;"此刻"预先假定了当下的持续性、永恒性,及其无穷无尽;而过去的"记忆"则推测,每一当下时刻都会被沉淀、储存,进而进入记忆。通过同样的方式,真实的时间性仅能了解时间中此在之"恍惚",作为存在之"抛掷"(throw-ness)——其被抛掷出去并与自身相遇。要成为真实存在着的自身,便意味着重新把握被抛于世间的此在之存在,以及此在的认知——时间已在"其自身之后"被给出。因而此处有一种对应的三重恍惚——"预测""即兴"与"重复"。只有当这一对时间的认知,与其置于一种连续的持续

101

性之上的反面呈现出对立关系，而只显现出时钟时间的人工性或对"新兴"事物、细节及无关紧要之物的入神，这一体系中才可能存有名副其实的真实之历史。于此，海德格尔及本雅明抗拒史料编纂的公认历史学传统，有两个不同的原因。如果说本雅明在连续进程的历史性构想中，看见了一则虚构，其通过对事件相袭互代此一因果模式——模式中的相袭互代表现为新兴事物总是被取代，而老旧事物总是逐渐消失——的介入而遵循了商品逻辑，那么海德格尔便控诉了这一虚构通过赋予存在以不朽的幻觉，使存在偏离自身真正的使命。对于海德格尔来说，历史是由"未来"命运的训谕所出产的，故而其状态需将虚假的今日、"他们"的日常性以及一者不真实的当下非实在化，以实现一个总在重复的未来存在的可能性。

　　本雅明，正如我们理应预见的，或将就对当下加以解构以确定积存自过去以来之可能性的必要性表示赞同。虽然如此，通过其对未来之需求，即命运，以及一种过去之重复所持有的需要——此一过去，或将对此在、此在之商品、此在"最为适宜之过去"所提供的可能性加以重复——所表达出的抗拒，可见他并不赞同海德格尔。促成通往远处之未来的补救性一跳（并非本雅明的"虎跃"）的果断回应，也模糊并侵蚀了当下提供几许将以确保一个不同未来之可能性的潜能。在本雅明的思想之中，条理已被颠倒。伴有其对叙述中商品形态的定型以及其对因果承袭之事件的坚持的历史主义，以及海德格尔立足于被未来所需要之当下而发出的对于古代重复之历史的号召，都被一种"救赎"或"救世主式"的史料编纂所抗拒。这种史料编纂通过对进程的要求及其与一段已经完成而如今却被摒弃的过去之间的差异，提出了当下的不持续性。问题不在于对发出命运之训谕的未来呼吁进行聆听及理解，而可说是在于对一致等待着在当下被重新启用的过去之期待的回应。换言之，问题不在于作出突然的一跃——其与标志着"可能一直在"之事物的重复的、将要到来的时间价值相当——而可说是在于重新把握不可能之事物，就从无可能且总被阻碍的事物聊作偿还。[1] 对本雅明来说，当下提供了使得蒙受遗忘的事物——而非此般"一直在"之事物——实在化的一个机会。在这一特性之中，历史并非由将要到来之事物所驱动——它们仅仅取代了业已出现的事物，例如伴随着新潮流而时隐时现的商品——而是由过去的"实在化"所驱动的。这是因为，对于具有思考之必要的事物而言乃为"关键点"的时刻作出宣告的可行性，已在如今由当下实现。

正如我所表明的那样，这是一次将历史政治化的进程，即以政治上的使命笼罩历史，而历史主义及海德格尔的重复"历史性"都在第二次世界大战前具有重大影响的数年中试图避免如此。据本雅明所言：

> 历史上将图像与现象学之"本体"区别开来的是它们的标注。[海德格尔通过"历史性"的理念，以纯理论徒劳

---

1 参见 Françoise Proust, *L'Histoire á contretemps*, Paris：Les éditions du Cerf，1994，p. 30。

地搜寻为现象学保留历史的方法。］这些图像必定与那些唤作习性、风格等"精神科学"的范畴全然区别开来。图像的历史标注并不单纯标示其属于确定的一段时间，而特别标示了它们仅在确定的一段时间获得了可辨性。且这一事实成功为可辨性获取了由其内部的行动所决定的关键节点。每一当下都是由其所共时的种种所决定的当下；每一此刻都是被决定的可知所决定的此刻。在此之中，事实伴随着时间流逝而颓丧，直到其爆发。［这一爆发，而无其他，是与真实历史图像的诞生相一致的意图的死亡。］并不是过去将其光芒投射于当下，或当下将其光芒投射于过去；应是图像作为曾在者［das Gewesene］进入了一个处在一束光芒之下的此刻所在的格局之中。换言之，图像是停顿中的逻辑论证。因为在如今，当下与过去之间的关系只单纯为时间性的，而其他时间与此刻之间的关系却是逻辑论证的：两者间并非时间性关联而是象征性关联。只有逻辑论证的图像才是真实的历史图像，即谓未过时的图像……可知之此刻的图像将关键时刻的标注带往更高的层次……此便是所有阅读的基础。[1]

如果说海德格尔太过抽象而对研究分析社会形态或具体的历史存在没有兴趣，那么本雅明便可说对质问社会生存的状况

---

1 Walter Benjamin, *Paris capitale du xix siècle：Le livre des passages*, trans. Jean LaCoste after the original edition established by Rolf Tiedemann, Paris：Les editions du Cerf, 1989, pp. 479 – 480（N3, 1）.（文中引为 *Passages*。）

并履行社会历史之承诺没有兴趣。然而不同于海德格尔，本雅明着重参与了对与特定时代相宜的物质细节的探索。海德格尔式的"历史性"的失败，在于它对于"实质"与"历史图像"的混淆。当下不具有实质，而仅是一幅图像。正如我们所见，它是一种面貌，一张既非存在亦非实质的"面孔"。它处在沉睡的状态中，等待着被唤醒。沉睡之状态不是一刻如今已成为过去的古老当下，而是一段已被遗忘的过去，它等待着一刻新的当下将其从蛰伏状态中唤起。

　　对本雅明来说，在这样的情况下，虽然在当下与过去之关系架构的方式中存在着涉及时间的多个暗示，时间却并非线性、连续甚至重复的，而更确切地是为"互卷的"，引出了"阿拉伯式花饰"的形象。通过对过去、当下、未来三时刻的展现，以及为了形成一处充斥着扭曲与弯绕的陌生地貌而对此三者施予的混合，"三者织成了一朵繁复的阿拉伯式花饰"。这是因为，除开虚化时间（empty time）中那常常相互混合的当下、过去及未来，当下那真实且被体验的时间、对意识而言是为当下的时间，也同样形成了复杂的经纬编织。"虚化时间"的第一行便与形成"全时时间"（full time）之当下、过去及未来的第二行交织在了一起。这一"全时时间"是"一种纯粹的时间，将其自身添加于最初，以继续出产并线"[1]。因而，阿拉伯式花饰是线条、尾旋、螺旋或涡卷的曲

¹⁰⁴

1　Proust，*L'Histoire*，p. 27.

线，它通过原路折返创造出一条模糊了起讫及时间出入口的曲径。对本雅明来说，正是当下的日常安置了这一时间曲径，并提供了上演共时性戏剧之所在。在这一场戏剧之中，过去、当下及未来在对时间性进行花毯装饰的无尽过程中相互交织在了一起。

本雅明的目标是将日常生活重新考量为一个旨在想象关乎历史唯物主义之新手段的更宏大项目的一部分，因为针对历史唯物主义的旧手法已显然被其在现代社会中之所处置之于不顾。"历史的辩证式表述，"他在评点恩格尔时说道，

> 是通过放弃指明历史主义之特征的沉思而得其报偿的。历史唯物主义者必须摒弃历史中的史诗性元素；对他们来说，历史成了一场构建工事（Konstruktion）的客体。所谓的构建并不位于虚化时间之中，而形成于一个特定的时代……历史唯物主义者使时代完全失去了它那被具体概念化了的历史连续性，从而将生活抬升以使其脱离这一时代……历史主义展现了过去的永恒图像；历史唯物主义展现了涉及过去的给定经验，一段独一无二的经验。[1]

本雅明为他的唯物主义历史展望了一种不同的时间性，并倡导

---

1 Walter Benjamin, "Edward Fuchs: Collector and Historian", in *The Essential Frankfort School Reader*, edited and with an introduction by Andrew Arato and Eike Gebhardt, New York: Urizen Books, 1978, p. 227.

诸如"静止的辩证法"(dialectics at a standstill)、"弥赛亚中止"(messianic cessation)、"辩证意象"(dialectical image)的策略,以此作为脱离进程的传统理论——公认的历史主义史料编纂对其作出表述,以在非历史主义的设定中对其具体进行周密的考虑——的一种方式。当下必须从对于永恒过去的认同中解脱,并通过此刻获取养分。有鉴于此,本雅明的日常性相比于克拉考尔的当下性之意识,仍未与此刻有所差异,其关键始终处于消失状态,而通过前所未有之物(the ever-new)进行承继。而在克拉考尔的书写中,对城市中转变的搜寻,则无可避免地重新确认了如同商品般以无历史感之面目显现的当下。当下不仅理所当然地充斥着历史的虚化时间,更填满了偶发的虚无空间(empty space)——街道。日常生活被永恒化、被遗弃,正如同德塞都随后对日常生活之实践的重新塑造。

对本雅明来说,前所未有的、时尚的、新颖的事物,以及在最近变得过时却继续在以不停出产新奇为特性的现代性中存在的事物,四者之间存在着惯常的冲突。在《中央公园》,他用以下的方式叙述道:"商品生产的辩证法:产品的新奇获取了(例如需求的刺激)迄今为止闻所未闻的重要性;千篇一律在大规模生产中第一次明显地显现。"[1] 但是当他审视波德莱尔(Baudelaire)之时,新奇却从未显示出对进步的助益,而只对既已消失之物有所贡献。因此,现代性,特别是日常存在及经

---

1 Walter Benjamin, "Central Park", trans. Lloyd Spencer, *New German Critique*, no. 34 (Winter, 1985), p. 48.

验，成为过去在当下始终被安置之处，以及历史意识的不同形态混合并互动的场合。也就是说，现代性不仅仅是一种发源自新社会实践之经验的独立形态，亦是一场"关乎历史体验的、明确的沉浮变化"——这一沉浮变化相应地"出产了一系列可能的时间化进程"，以及于日常生活中的进程间"竞争或争夺"的确切性。[1] 这正是被户坂润定义为"惯例"而为更新颖者所替代的时刻。这些相互竞争的时间性进程指向不同时刻之共存，几乎相类于诸多今日之层叠。过去，嵌入了一刻进行中的当下——据本雅明所言，波德莱尔将其定义为"无常"之物，为"难以捉摸"之物，为"偶然"之物——这预示着由资本主义造成，作为资本主义在政治经济领域持续扩张的产物却以文化形态被重塑这一不平等，将永远存在。

　　这一审视是在第二次世界大战后才由列斐伏尔提出的。列斐伏尔宣告，这一不平等的永恒性，是日常生活的一个特征。虽然如此，这一审视已隐含于本雅明对相互竞争的历史时间化进程以及身处当下之过去的认识之中，内示于布洛赫对于"非同步的同时代性"（nonsynchronous contemporaneities）的明确定义之中，更毋需提及一众沉迷于其自身现代性经验的日本思想者。在《拱廊计划》（*Passagenwerk*）一书中，本雅明将 19世纪称为一处"时间之空间"（Zeitraum）。它使人想起了"时间之梦"（Zeit Traum），因而揭露了相互竞争的时间化进程中

1　Osborne，*The Politics of Time*，pp. 114，116.

的抗争，是于何处进行的（*Passages*，p. 406）。这一"时间之空间"的理念，使户坂润那著名的将日常性概念化为空间的做法（日常性的空间）变得引人注目。这一空间，将其时间性架构为聚积的层叠，而只有探索在某一给定时刻由这种层叠给出的可能性，或者其所给出的接近的可能性，这一层叠才可能会受到干扰。此外，这一对于不平等的认知，不仅意味着不同循环在日常中的同时出现，如同列斐伏尔所提出的那样，它也出产了那些使现代性的历史经验产生差异的特定文化的曲折变化，以供给同时代而非另类的现代事物，正如日本以及其他社会所示，这些现代事物挑战了西方实例中统一化、同质化的主张。

对本雅明来说，商品形态处于日常生活的中心。其善于隐藏（因而遗忘）生产之能动条件的能力以及其善于质询顾客（他称之为"同情"的力量）的天赋，揭露了它在为日常生活制造不同历史时间化进程之空间，同时在让此空间成为在现代性所处时代中重新出产与传统相连的救赎力量之处——构建历史——的过程中所扮演的角色。也就是说，在永远之相同之中出产前所未有这一商品形态——"经验的萎缩"[1]——产出对借助保证此刻之时间的新可能性来转变虚化、均质时间而言必要的差异。

"商品"，被马克思描述为一件"神秘的事物"，成为神秘

---

1 Walter Benjamin, *Charles Baudelaire：A Lyric Poet in the Era of High Capitalism*, trans. Harry Zohn, London：Verso, 1983，p. 113.

的日常生活。"所有围绕着劳动产物的魔法及巫术，一旦表现为商品的形态，便自我们面向生产的其他形态伊始，消失不见。"马克思，正如本雅明，深信宗教仅是"世界的一种反映"，而伴随着"对抽象持有狂热崇拜"的基督教的，是将社会关系贬为商品与价值、将"人类劳动"同质化的最有效设计。这一宗教只有"当日常生活的实用联系把完全清晰易懂且正当合理的联系献给人们"之际才可能"消失"。[1] 马克思将这些社会的象形文字破译为出产了此文字的劳动力社会的字符，并因此质问了被此文字所遗忘的历史。然而，对本雅明来说——他附和着超现实主义的领导，将日常世界视为由日常惯例所带来的疏离，而这一世界中仍充斥着可能性，充斥着相同中的不同——日常生活被想象为转变之处及"宗教经验"，从而被贴上了"渎神启示"的标签。[2]

超现实主义的介入，基于对日常展开的追求，并将此追求作为彻底反转日常的道路，与本雅明早期想要打破商品形态以恢复彼一被遗忘之历史，并进而将残留由"时间之空间"转变为"时间之梦"的渴望相匹配。通过这一方式，他希望能看穿他所指称的"记忆的哥白尼式革命"（*Passages*，pp. 405-406；*K*，p. 1）。

> 在这一历史的视野之中的哥白尼式革命也包括在其内。

1　Karl Marx, *Capital*, New York: International Publishers, 1972, vol. 1, pp. 76, 79.

2　Walter Benjamin, *Selected Works*, Cambridge, MA: Harvard University Press, 1999, vol. 2, p. 209. 另参见 Osborne, *The Politics of Time*, p. 182.

107

一者将把另一时间——［曾在者］（并不单单是相对于此刻
的过去）视作一个固定之点，而另一者则认为，当下试图
拉升自身，以达到关乎这一固定元素之知识的高度。因此，
这一关系应该反转自身，而另一时间则成为一种辩证的反转
以及对已觉醒之良知的侵入。政治先行于历史。（*Passages*，
p. 405）

这一革命来自现代性自身之内，而并非来自传统的重复（海德格
尔）或一个未实现的社会或文化形态。本雅明实现这一"构建"
概念（通过轶事、引言等）中的计划的方法，更多是倡导蒙太奇
剪辑的形态，而并不倡导叙事——历史主义的囚徒，叙事如今以
苟延残喘的形态显现，而不复能够就历史经验彼此交流。

　　在本雅明最为早期（1927）对构建日常生活之经验的初步
尝试《单行道》("One Way Street")之中，他描述了他的计划：

　　　　生活的构建，乃是在当下手握事实之权力而绝非判决之权
　　力的，且如此事实少有成为判决之基础的可能。在这般情况之
　　下，真正的文学活动，不可期待会发生于一个文学的框架之
　　中。重要的文学效用，仅在动作与书写的严谨区别之下才会成
　　立。它必须培育出适合活跃社区影响力的不起眼的形态，而不
　　是传单、宣传册和广告牌中书籍的自命不凡的普遍姿态。[1]

108

1　Benjamin，*Selected Works*，Cambridge，MA：Harvard University Press，1996，vol.
　1，p. 444.

另外，他观察到具有日常功用的客体是如何在"瓦解所有秘密抵抗"的过程中排斥他及"将要施行的"广大劳动力的。这一姿态在本雅明就超现实主义发表的论文中得到了更为充分有力的表达。关于这篇论文，很有必要提及的，是它的副标题："欧洲知识分子的最后一张快照"。

> 任何对神秘且眼花缭乱的天赋、现象的严谨探索，都预设了一种辩证的紧密连接。它对思维那没有事实根据的转向保持无动于衷。这是因为，施加在神秘事物的神秘一端上的戏剧张力或狂热重压，并不能使我们走得更远。我们洞悉神秘，只是为了到达某一程度，在那里我们能在日常世界中通过辩证之眼的效力，将日常视为不可理解的，将不可理解的视为日常，从而对其进行认知。[1]

如果说超现实主义的方案旨在转变日常客体以松懈客体的美学意识，那么奋力抗争着要让此刻填满当下的本雅明，则试图通过对日常客体的活用来释放历史的能量，为历史唯物主义修正这一计划。这一做法，便与他在试图挖掘 19 世纪的巴黎时的所作为如出一辙。这一对作为文化之替身的艺术的重新定义，在政治方面发挥了作用，而将日常转变为一种历史经验。在这层意义上，记忆的哥白尼式革命得到实现，而且在此后与此刻

---

1 Benjamin，*Selected Works*，vol. 2，p. 216.

间的辩证关系之中，"政治先行于历史"。当下能否开始发挥作用，取决于铭记在过去被遗忘事物的悼念行为。这一悼念行为处于蛰伏状态，等待着作为政治行动的一种形态而被唤至当下的跟前。虽然本雅明自己的计划被迫夭折，但是通过再次将马克思主义理论化以了解其可能性，他成就了将政治及日常生活——在此之中，超现实主义与当代文化研究两者都以各自的 *109* 方式展现出一种兴趣，虽然兴趣的强弱各有不同——带入一段活跃的关系之中的事业。[1] 而我相信，了解马克思主义之可能性的使命，是经由列斐伏尔才得以完成的。列斐伏尔拒绝接受超现实主义的种种维度（虽然他显然受到了这些维度的影响），并寻求利用作为研究计划之基础的对不平等的认知，以及其所加强的疏离，来替代彻底反转日常的策略。虽然列斐伏尔在对海德格尔的文本为了随后的系统性分析研究而以存在主义的眼光看待日常性这一做法的重要性持有保留态度的同时承认了其文本的重要性，但他也深信，"突发性时刻（海德格尔所持看法中的时刻）夺取了世俗日常之存在，抹去了它，毁灭了它。真实否认了生活；其为痛苦的虚无，迷惘的虚无，沉迷的虚无"[2]。对列斐伏尔来说，日常生活已经成为"现代性的背面，我们的时代精神"，援引布洛赫之言，借助日常生活，用魔法

---

1 Osborne，*The Politics of Time*，p. 185.

2 Henri Lefebvre，*Critique of Everyday Life*，trans. John Moore，London：Verso，1991，pp. 124 – 125.

召唤"革命之鬼魂"的艰辛劳动即将开始。[1]

在列斐伏尔及户坂润看来，日常性体现了不同于将海德格尔的当下性及重复相结合的现代模式的一种时间化模式。在某一层面上，日常性因而作为所有重复所处的交点，既是一般的又是新近的，既是过去的又是现代的，作为"再次发生"之处而发挥着作用。借此他想表示的是，"劳动与闲暇的姿态，人类或实为机械的机械运动，时时，日日，周周，月月，年年，线性与环形的重复"。同时，此亦为"物质文化"，衣着（尤其对户坂润来说是）、生活、家具、住宅、邻里、环境，即为被填满的空间、海德格尔之"彼"（Da）、当下的世界此三者的坚实形式。如果这便是被列斐伏尔（及佩索阿）指称为"披着面纱"的、隐藏的、处于阴影中的存在的话，现代，恰恰相反，揭露了处于其时间性之中的日常性。他写道，"日常事物是卑微且坚实的，是理所当然的"，是今日与明日经久不变的连续，是可以预见的顺列，是"日期不定"且"不甚重要"之事物。[2]因为日常事物"在实践中不可被言说"，它便出现了如今以永远新颖、普世、无常且宏大的面目显现的现代的眼前。在这一具有重大意义的相遇之中，新颖之物在策略上被"错误地表

---

1 Henri Lefebvre, *Everyday Life in the Modern World*, trans. Sacha Rabinovitch, New York：Harper Torchbooks，1971，p. 25. 另参见 Henri Lefebvre, *Introduction to Modernity*，trans. John Moore, London：Verso, 1995, p. 237。书中的现代性，作为革命之鬼魂遭到了废止，而作为其残余的日常性，于今则与不平等的发展等同了起来。

2 Lefebvre, *Everyday Life*, pp. 18, 19，24，25.

现为现代性"。依据奥斯本之言，这是对资本积累再生产的一种意识形态上的错误认知——资本积累作为"重复的资态"，将日常生活之规律循环伪装成"日常性之单调限制了新颖之物"，并以此发挥了功用。在这一爆炸性的重复相遇之中，"万事万物皆作出了改变"[1]。

---

1 Osborne，*The Politics of Time*，p. 196.

第三章

辩证之眼：日常性中的历史

> 我们应该将［我们的存在］一统为处在日常生活全体之中的一种双重生活。
>
> ——和辻哲郎（Watsuji Tetsuro），《俗日本精神史研究》

> 日常逃脱了。这是它的定义……无论重要与否，任何事件都不会有能力出产日常的现实化过程，而日常总是不能在其现实化的过程中得以被实现。
>
> ——莫里斯·布朗肖

日常生活的幻想化

　　日本在两次世界大战间隔时期的现代化经验，通过多种方式以一种成双的及再加工的形象显现。这一形象贯彻了率先驰骋于美国及西欧的历史重复之逻辑。日本的经验，尤其对于那些被贴上"非主流现代体"标签的后续实例来说，展现了这样的结论：现代体始终是一种双重性，它在同处日常生活空间中的资本主义之需求以及历史文化的公认形态之力量——参照的文化如今受到了一种新树立的生产模式的挑战——之间留下不同的印记。这并不一定是 W. E. B. 杜波依斯（W. E. B. DuBois）所设想的双重意识，却一定标志着一种满足新政治性经济并使各种形式共存或共荣的生活方式的建立，而列斐伏尔则将其视为"具有整体性的［农民］生活中生产活动的固有性"[1]。如果现代性意味着毁灭这一参照的文化以将其再度疆域化（reterritorialize），那么最终的结果便是，社会被重塑且类似于所有其他的社会，却因为新颖之物与其他既已消逝之时代之间的相遇出产的屈折变化，彼此又不尽相同。当查特吉就前殖民地注定要成为"现代体"的长期"顾客"而有所抱怨之时，他仅可能获得一种回应。尽管如此，这一双重性仍然展现出其出产真正之差异的可能性，且这种差异的力量，并不来自不受现代体影响的纯粹文化那未

_112_

1　Henri Lefebvre, *Critique of Everyday Life*, trans. John Moore, London: Verso, 1991, p. 30.

受玷污的庇护所。日本文学批评家小林秀雄（Kobayashi Hideo），在 20 世纪 30 年代评点道，现代化进程类似于马克思对黑格尔言论的再度加工：历史起先是悲剧，而后则为喜剧。这一观点有赖于对以下主张的接纳，即日本只是对欧洲现代历史的无力模仿而已。

处于两次世界大战之间的日本马克思主义者坚持认为，鉴于日本是现代化进程中的"后起者"，它必须牺牲在社会、政治、文化等领域的转变以换取经济及科技的发展。结果，因为日本始终受到封建遗留之困扰，激化的社会矛盾把国家引向了专制主义、军国主义及法西斯主义，日本社会落在了发展更为充分的诸国之后。第二次世界大战之后，志在实现现代化的人们，诸如追随马克思之设想的社会理论家丸山真男（Maruyama Masao），虽不是马克思主义者，却也常常论证日本的现代性之不完整，从而暗指一种规范的模式，以反抗另一种衡量其现代性与他者之异同的模式。竹内好（Takeuchi Yoshimi）的文学、文化批评谴责了日本对西方的模仿，并将中国共产主义者指为日本应该追随的对象，因为他们既不复制现代西方，也不依赖被物化了的传统形态。如果说丸山将差异错认为了不完整性（他同样提出，战争及失败为日本提供了面向现代性的第二次机会），竹内便是将实现误当为复制。思想者们在日本的现代历史中认识到的所谓不完整性，实际上是现代性其自身的一个符号。这正如本雅明觉察到的，也正为日本人所确认的，"恰好是与先前历史相互交织着的现代"[1]。

将以下两种文学加以区分，乃十分重要之举：一者鲜将欧洲内现代体的非完整特征加以问题化，而仅认定自身正被体验着而已；另一者为日本人所戏剧化，使时间延滞及其未完成状态作为所有关乎现代性之讨论的基本条件，为日本人和非日本人所接受。后者观点的似是而非之处在于，它认为哪怕处于两次战争的间隙，日本也只是落在了一个从未质疑过其完全现代体之身份的国家——美国身后。我在此只能隐晦地提及这种自负对学术造成了怎样的影响，为日本政治思想带来了怎样的后果。

鉴于日常是由资本主义所需要的转变所出产的，它在其所扎根的各处都被做成整齐划一的形象。这一同质性之意识，与日常性的存在主义式构想相匹配。此构想最初将日常性视为"首先"且"最重要"的模式。在此模式之中，存在使自身向自身显露。而存在的历史，或许在各处都是相同的。此处理应想起的，是海德格尔对日常生活展开的想象，他将其想象为存在之存在那最少分化且具有确定性的表现，这缘于他在社会学领域专业性的缺乏。"此在之日常性的这一未分化的特征，"他写道，"并非虚无，而是此一全体的一种显著个性。脱离这一种存在（Being）之外的——并再次回归此一存在之中——是正在存在着的万物，正如其惯常一般。"（*BT*，p. 69）

---

1 Walter Benjamin, *Charles Baudelaire：A Lyric Poet in the Era of High Capitalism*, trans. Harry Zohn, London：Verso, 1983, p. 171.

在诸多与海德格尔一同进学的日本哲学家，诸如九鬼周造（Kuki Shozo）、田边元（Tanabe Hajime）、三木清（Miki Kiyoshi）之间，这一确定性特征的缺乏，昭示着日常深厚的原则以及现象学上反映的兴起，而这一兴起所需要的条件，又是主题化的进程，以及终极研究分析中社会学方面及历史学方面的差异。如果日常生活，如同奥斯本所启示的那样，因其并非在最初蒙受主体化，便是一类"不可避免的范畴"（列斐伏尔称："引言是不可避免的。"）——在反映之前构成了它的呈现模式——那么这一对于存在之日常生活作出的"最早"发声，也同样是随后所有反映的"起点"。正是以后的反映——作为"一种存在"（kind of Being）倒流注入了所有存在（existence）之中——抵达了一处终点，给予其重要性，从而为"对日常性施加的渗透及转变"开辟了道路。尽管海德格尔在保持此日常性构想远离社会学内容方面仅仅作出了有所保留的努力，但其关于大众之独裁方面的观点以及对于民主的不信任，则突破了此种局限。由非真实回归真实之存在的叙事自身，为人们开辟了道路，使之能于历史的种种特定形态——正在存在着的万物，在特定的时间与特定之处，皆"脱胎自或回归于"各形态之中——之下，展开对日常性的反思、重塑，并将日常性重新语境化。[1] 这一举动在本雅明的计划之中便已明显，而在列斐伏尔处则获得了更充分的发展。

114

1　Peter Osborne，*The Politics of Time*，London：Verso，1995，pp. 187，189.

关乎战前之现代性及日常性的日本式经验，展现了两者间有所关联又仍相分离的关系，展现了日常生活无处可逃，而被日常惯例与礼教两者的陈旧循环，以及工作与消费两者的新兴循环之中的不公平性所捕获。虽然日本在 19 世纪 70 年代便发起了一项资本主义现代化的计划，然而直到第一次世界大战，以及第二次世界大战战前的数十年间，产业转型才开始提速。彼时的日本，部分出于其作为协约国供应商加入战争的缘故，由轻工业转向重工业，从债务国转换为一个债权国。其农工劳动力比率开始出现极大的变化，而东京/横滨、大阪/神户等国际都市亦开始与西方资本主义城市比肩。对日常生活其自身经验，以及关乎与先前历史共存且相互交织的新兴事物之时空的记录，标示着出产此一经验的一段历史。而这一"历史"总被"遗忘"，或时常在宣告新颖及时尚之树立的文本之内缺席。

现代化进程将东京等历史城市转变为了生产、交换、交流及文化生产的巨大中心。在 20 世纪早期，城市将大量移民从周边的乡村吸引过来，为他们在拥挤的中心城区提供工作与栖身之地。在这些中心城区之中，他们互为陌生人，对自身这一群体本身也不甚了解。文化人类学者柳田国男以及侦探小说家江户川乱步（Edogawa Rampo）都观察到，20 世纪 20 年代的东京，是一个充斥着外国人的城市，与一种更为老式的生活风格有所关联且令人熟悉的相似性正在消失，伴随着资本主义生活之架构、模式的新近涌现，这一城市形成了大量具有不平等性的小型组织。

115 　　日本国内的资本主义现代化进程，正如其他各处一样，在城市与乡村、宗主国与殖民地间投射下了不平等发展环境的图像。虽然国家在意识形态上作出了承诺，保证各处最终达成平等发展，其运转的法则，实则却在于需要部分区域以其他区域为代价进行发展。柳田国男用一本书检验了这一场面带来的后果。《都市与农村》(1929) 以大量的细节记录下了国家在城市与乡村间所出产的悬殊差异。然而其他人注意到，正如他在其历史性的、具有象征性含义的文本《明治大正史・世相篇》(1931) 中所写的那样，这一不平等性在大城市中尤为明显。大城市中，新生产力及社会关系通常被迫与旧生产力及其对于社会身份的自身偏好不易且不悦地共存着。

　　柳田国男将第一次世界大战之后的东京描述为破碎的亲缘关系所在之处，不过他本可以书写其他地方的城市。

　　　　早期城市生活的寂寞，在于其将人们变作旅人，变作向往着长期缺失之家庭的旅人。然而将太多重点放置于某人的故乡村落，其影响便是城市从此充满了在何时何地都无所依托的人们。[1]

德国社会主义理论家布洛赫将他在魏玛时期的乡村所观察到的大量不同概念化为"非同时性"。在这一"非同时性"中，人

1　Yanagita Kunio, *Meiji Taishoshi*, *sesohen*, Tokyo：Kodansha，1993，p. 172.

们在同一时代以不同的时间性体验着不同类型的存在，为法西斯主义提供了吸纳新成员的基础。尤其是在日本国内，对于被体验、经历的文化异质性的认知，是对经济发展中不平等性的一种持久的提醒；因此其亦是对于如同柳田国男及其他人所尝试的那样，去打造一个毫无阶级、性别、性取向之分，且能将现代性所出产的差异及碎片加以统一的同质性国家身份之必要性的一种持久的提醒。

　　这一文化的不平等性，通过国际都会区域的扩张，以及同时代人最早关于被称为文化生活或日常文化的日常性之对话而被加以夸大。通俗的插图杂志，大众的报纸文摘，电影广播之类的新媒体形成了一种对话，而此对话实际上又形成了日常生活的姿态。广告及文章从收音机、留声机、电话、为上班族及其家庭创设的"文化之屋"，以及汽车——宣告了由面向消费者的新产品所引入的物质生活中的无尽更迭，以及基于新颖、时髦之物的生活理念的传播——诸如此类的商品的诱惑入手，推动了关于现代生活的想象。这一话语通常既指向事件的连续性——与此同时，被营造出来的重大事件，则已成为报纸与以新身份群体为目标的通俗杂志的主要商品——又指向伴随而来的更老旧文化形态的破碎与不稳定进程。而事件间快速的连续，正如同发生在商品间的惯常的流通——在此之中，新兴或有所不同的商品取代很快被遗忘的、老旧的商品——仅仅展现出日常性是一处超越了任何事件而想要出产或代表日常性之能愿的空间。这一由日常生活的新形态之显现与实践激起的反映性话语，比起新日常性实际上的无处不在来得更为重要，因为它意味着一个将被体验且在未来有所扩张的经验范围的形成。它既是十分重要的，又指向了一种历史状况。这一状况将会勾勒一种幻想的生活，以及被本雅明称作"幻影"（phantasmagoria）之物——它要求圆满，却如同商品形态及惯常的"时尚眼光"一样，从不完整，从未被实现，从未被完成。

　　对日本人来说，现代性就是速度、冲击、连续性，以及对轰动事件的公开展示。这些特质通常以"摩登女郎""马克思男孩""恩格斯女孩"、咖啡馆女侍等主体的形式被加以符号化。依据马克思主义批评家平林初之辅（Hirabayashi Hatsunosuke）所言，20 世纪 20 年代，这些新形象通常被赋予"文化的女性主义"的特征。"我们通过询问'号码是什么？'的对话听到了女性电话接线员的声音。女性，随着售票员在票上打上的孔戳，坐上了相应的电车，自信的女性打字员在办公室及银行之中工作。甚至在小生意中，你也不会忽略新员工的出现。"同样的情况还出现在学校及医院之中。女性的声音在各处可闻，女性的身影在各处可见：在美术馆中，在百货店中，在出版社中，在纺织工厂及其他产业中，女性构成了工作者中很大的一部分。[1] 在早先写于 1926 年的论文中，平林初之辅对于资本主义强加在女性身上的"奴隶地位"表示忧

1　*Hirabayashi Hatsunosuke bungei hyoron zenshu*，Tokyo：Bunsendo，1975，vol. 3，pp. 776 - 778.

虑。毕竟，这一在日常生活及工作层面形成的对于女性的认同，仅仅是对就"摩登女郎"形象及其对日本社会而言的意义所作出的武断判断的一种提醒。不同于其他任何事物，女性承担起的新角色表明，现代经验的世界之中，变化将要兴起。（再次回想起克拉考尔在他的《雇员们》一书中所预计到的，即女性将构成柏林工作人口的三分之一及以上，无疑饶有趣味。）武断判断，作为统治日常性话语的存在，是日常性之历史性的一个标志。

　　"文化生活"的理念最初受到了国家的推动。第一次世界大战之后，国家立即发起了生活改善运动，或言简单生活运动。此运动受到了法国畅销书《简单生活》(*La vie simple*，1917) 的启发，而《简单生活》本身则是从一部美国作品翻译而来的。这一运动最终变成了被称为"现代生活"或简称为"生活"的大众商品文化，其目的在于将新近涌现、在新兴通俗媒体中被想象并塑造，且在城市中开始被亲身体验的日常生活置于控制之下。这意味着对一个同时看重理性、效率与经济之计划的执行，还意味着对人们不要过深地涉入商品文化的告诫。[1] 事实上，国家曾短暂地尝试阻止消费者，使其免于受到商品的质询。（此处或可想起本雅明的幻想：如果商品拥有灵魂，"它将成为人们遭遇的所有事物中最易引起同情的那一个"。）然而文化生活的提议者中的一人，森本厚吉（Morimoto

---

1　Minami Hiroshi, ed., *Taisho bunka*, Tokyo: Keiso shobo, 1967, pp. 246 - 255.

Atsuyoshi），则对将日常生活加以理性化的必要性表示信服。同样他也相信，将单纯的"生存"从"生活"中区分出来的决定，是进步的文明的一个标志，标志着通过向那些轻易超越了经济型家庭之需求的新兴家用商品的大众消费敞开大门，从而达成的对"管理全国生活"之渴望的侵蚀。文化生活通过以下新兴商品的广告达成传播：电熨斗，留声机，收音机，厨房省工装备，西式短裙、连衣裙及裤子（其均以低成本制造，且被视作一种更为干练的穿着），保障更好营养及健康的低价新兴食物，以及可容纳工薪族及其家庭成员（城市中的白领工作者）的新型公寓与"文化之屋"，这些商品皆无一例外地提供了"便利性""实用性""经济性"。[1]

　　所有这些新商品都指向了横跨阶级、性别、性取向的新兴身份之获得，尽管"文化生活"在最初仅仅局限于城市中产阶层的范围之内。起初面向白领阶层的效率与节约的文化，变成了在以城市为基础的产业内工作、消费城市之产品、于城市街道上游戏的大众的文化。（此处应再度回想起来的，是本雅明就19世纪巴黎街道之集中性作出的观察。）社会研究者权田保之助在街道上倾注了大量的时间，他将"日常生活"视作街道的延伸，而将其称为"衢"（strasse）之形态一种。街道于他而言，代表了一种扩张状态，充斥着汽车、步行者、商店、摊贩、电影院、舞厅与酒吧的移动蒙太奇剪辑。当"现代生活"

1　Terade Koji, *Seikatsu bunkaron e no shotai*，Tokyo：Kobundo，1994，p. 92.

的主人公们及摩登女郎、摩登男孩被迫回到他们的家，他表示，"这就像是把猫的胡须从它的脸上剪下来一样"[1]。城市人类文化学学者今和次郎，在 20 世纪 20 年代及 30 年代早期展开的大量研究中注意到，有多重身份是由街道出产，并在人们可能聚集的所有角落被贯彻到底，并展现出具有不同主体性的表现的。有鉴于此，可以说是街道在掌控着局势。于街道上展开的生活，通常将渴望的力量以及人们表现其内心深处之幻想的方式表露出来，就好像人们如今正挤在剧院的舞台上一般。（事实上是今和次郎运用了这样一则比喻。）街头、民众、大众等词汇进入了那些在各处的演讲及写作中被使用的常用流行语辞典之中，与来往于街道之上并消费新兴的娱乐商品和娱乐方式的人们产生了联结。

　　日本国内，正如诸多其他地方一样，当关于战争的记忆及 *119* 其损失都在减弱减少之际，生产的大无畏精神便被消费的大无畏精神所取代了。比起给新兴事物与业已树立起来的价值观此两者带来冲突，其后果更主要在于欲望与价值本身的斗争。新兴商品文化所提供的愉悦——权田保之助所颂扬的"乐之哲学"——无论在社会话语中如何被夸大并蒙受武断判断，如何受限于中产阶层，仍然在现象学的当下这一唯独给历史指明方向的时刻，证明了社会之实践及亲历之经验，乃是日常。这一日常性，始终准备着爆发，以化作历史以及时间的迅速连续

1　*Gonda Yasunosuke chosakushu*，Tokyo：Bunwa shobo，1974 - 1975，vol. 2，p. 242.

性——在千篇一律中的前所未有——而在对美国物质文化、其电影影像表现以及另一个被宣告并贬斥为"崇美主义"的武断形象作出的称颂之中，这一日常性被夸大化。"崇美主义"的主人公"摩登女郎"，是克拉拉·鲍（Clara Bow）式的随意女郎，与加入新兴工业劳动力量及城市劳动力市场，且第一次意识到获得自主性及财政独立之方法的女性此两者相结合的产物。

在 1942 年就超克的现代此一问题展开的京都会议期间，作为组织者之一的河上彻太郎（Kawakami Tetsutaro），呼吁将注意力转向这一形象：它是"一类献给崇美主义的可笑物种"，尽管如此，却也承认自身已经加于社会关系的公认模式之上的威胁。[1] 于战时四处扩散且铭刻于文化理论生产之上的恐惧，是一种认知，即日常生活正在出产着生存模式，出产着那些使最近的过去变得过时，且精确复制那些被承认的社会关系的机制——这些关系曾经引发了一种关于重复的身份的、不易变化的文化，以及一则被程式化为"第二天性"及无意识记忆的具体历史经验——的经验。在平林初之辅看来，一度被限制在家庭的女性——她们被"内向化"了，正如他所提出的那样——如今则通过"外向化"以充分参与现代社会的多重进程。摩登女郎的形象挑战了生殖机能这一在传统上被等同于女性的机能，并赋予"在文化中增加女性比重"此一进程——比

1　Kawakami Tetsutaro and Takeuchi Yoshimi, *Kindai no chokoku*, Tokyo：Fuzambo，1979，pp. 254 - 255.

起生殖（生物学及社会政治意义上）的文化、被回想起的文 120
化、述愿性的文化，此进程更倾向于现代性的文化、亲历的文
化、表现性的文化——以更为深远的含义。

　　早在 1918 年，颇具影响力的舆论刊物《中央公论》便就
现代性问题出版了一期特刊。此刊寻求"新时代的象征性潮
流"，并在诸如"汽车""影片""咖啡馆"的新兴形象中发现
了这些潮流。十年之后，剧作家菊池宽宣告道，"日本制造的
真实现代性，这才刚刚开始"，其证据则可见于"新女性及新
男性"，以及"一名新人类的诞生"。[1] 在这一历史性的时刻，
批评家内田鲁庵（Uchida Roan）报告道——在同一期关于现
代性的特刊之中——"战后，在百货商店中售卖的脱脂牛奶，
以及电影，便是美式资本主义"，而他其后将此美式资本主义
描述为"抓住公众精神的重要之物"。

　　通过其去疆域化的能力，资本主义轻易"侵蚀了所有固定
的身份"，并出产了无数的主体地位以及模糊的屈折变化，此
两者皆挑战了体现传统的一般角色的稳固性。谷崎润一郎
（Tanizaki Junichiro）、川端康成（Kawabata Yasunari），尤其
是侦探故事作家江户川乱步等小说家，都探索了新的性身份及
其为安定的社会关系带来的后果。话语之中，"所有人都似乎
迷恋着摩登女郎，且受到其发型、衣着、态度、面部与身体动
作、步态的吸引"。摩登女郎（其同摩登男孩一起，与平行处

1　收录于 Yamamoto Akira，"Shakai seikatsu to henka to taishu bunka"，in Iwanami koza，*Nihon rekishi*，Tokyo：Iwanami shoten，1976，vol. 19，p. 328。

于江户时代末期、身为花柳界主角的通人及太夫此两者极为相似）现身之际，是穿着高于膝上 10 厘米的短裙、留着克拉拉·鲍式的发型、涂着口红与胭脂的形象。这样的女郎是一名"阔步穿过人群"的女性，而此举乃象征了其在性与财政上的双重独立。谷崎润一郎在《痴人的爱》（『痴人の愛』，1931）中对摩登女郎的描绘，着力于表现一名"与电影演员玛丽·璧克馥（Mary Pickford）颇为相似的咖啡馆女侍：她的样貌在某些部分，绝对是西式的"[1]。毫无疑问，这是一个夸张化了的形象，此外也夸大了时兴行为的局限或极限，放大了此行为引起的刺激及危险。菊池宽指出，这些"新女性"代表了一种新兴的性觉醒，宣告其样貌标示了一种新兴的现代性在 1927 年的开端。"年轻女性，"他写道，"于此时通常业已变得握有权力，而且她们……能够在爱情问题上与男人'争论交锋'。"菊池宽及其他诸人，在工作、性等一度为父权系统——文化理论不顾一切地试图对其加以保留——所垄断的领域之内，证明着这些自由独立的女性的卓越性。内田鲁庵认识到，摩登女孩那通过"噘嘴""皱眉"等举动表现出的实在的情色行为，"已引起了广泛的仿效"。他同样注意到，"除非观看过美国电影，否则要理解摩登女孩及摩登男孩将会是困难的"。[2]

121

1　Junichiro Tanizaki，*Naomi*，trans. and with an introduction by Anthony Chambers，New York：North Point Press，1998，p. 4.

2　Minami Hiroshi，ed.，*Nihon modanizumu no kenkyu*，Tokyo：Bureen shuppan，1982，p. 26.

　　对于许多人而言，电影是向现代日本的日常生活输送"基于教科书之课程"的基本渠道。一名作家对于电影在日本社会内的巨大文化影响力表示信服，因为电影"所强加于日本社会的，是充满深度而非停留于表面的西方化进程"。如今，根据另一评论家的观点，民众或许会花费大量的时间在电影院中大笑，因为他确信，"民众对于这一叫作西方的事物有充分的理解"。"现代性符号之中的我的最爱，"佐藤春夫（Sato Haruo）写道，"是电影。当我对它们作出反应时，我感受到了活在当下的义务。"[1] 平林初之辅将电影院与运动、马克思主义一起，标榜为"当下的伟大现象"。菊池宽则坦白，"即使一个人一天花四到五小时看电影，他也是兴高采烈地那么做的"。他情愿观看任何含有西方内容的片段，也不愿看完一整部日本电影。美国电影远超日本电影或欧洲进口电影，聚集起了一种商品消费的文化，以及前所未有之物所满足的始终存在的欲望需求。电影批评家津村秀夫（Tsumura Hideo）注意到，美国电影那席卷亚洲的空前成功起源于资本的力量，以及其对于一个商品世界——"文化生活"——与一个显著事实，即美国电影主要是西部片与充斥着简单易懂的少量对话的"粗俗喜剧"的展现。电影并不仅是资本主义的一个标志，因为电影业是一个输出产品并逐出所有竞争（尤其在法国）的产业。依据津村秀夫所言，电影也同样陈列了由美式资本主义出产的一种商品

<hr>

1　Minami Hiroshi，ed.，*Nihon modanizumu no kenkyu*，p. 24.

122 文化及其主要的主体，即摩登女性、男性以及他们在日常生活
中形成的风俗及经验。（当我第一次前往日本之时，我租借了
一栋住宅中的一间房间。这栋住宅的男主人，甚至到 20 世纪
60 年代早期为止，每天出门之前都试图将自己装扮得如同查
理・卓别林［Charlie Chaplin］一样！）

　　虽然许多注意到这一场景的观察者都推举电影作为了解日
常生活的最好方式，但其他人则认为，通过新闻报纸、大规模
发行的杂志以及从美国输入的流行音乐的新兴形式，也可以具
体且即时地理解日常生活。《现代日本》的第一期（1930 年 10
月刊）对一系列的现代风俗、物质事物以及其读者很快就将看
到的形象如"抽水马桶""人行道""西式服装""椅子""公
寓""工作西装"等作出了颂扬。此外，依其所言，生活将会
变得更加"动感""高速"；"女性将会收获更多尊重，而男性
地位则会降低"；人们将会听到更多"爵士"，见到更多"女性
的双腿"与"胸脯"。其后《现代日本》的某期以及讲谈社所
出版的通俗杂志《王》（King），则赞扬了"新英格兰精神"，
并表达了对它及"美式日常生活"来到日本的欢迎。其他出版
社则报道了闪烁的霓虹灯之文化，人们从舞厅到爵士酒馆的持
续进军，以及在咖啡馆海饮、跌倒在街上、蹿入停驻于"拓宽
了的大街"——权田保之助在 1923 年的关东大地震之后构建
的"衢"——上的一元的士车厢之内的人群。散见于《主妇之
友》等杂志的社会话语，描绘了工薪族的新兴"文化之屋"、
居住于城市之中的基本家庭的外观、这些家庭内部的经济、他

们去往公园及迷你高尔夫球场等室外场所游玩的娱乐，以及在拥有相机、收音机、电熨斗、留声机等消费得起的商品之库存的百货商厦内和家人一起无目的地乱转的休闲时光。

青野季吉，如同德国的克拉考尔，是我们通往新兴中产阶层的生活方式、抱负、恐惧以及 1929 年后破灭的期望——青野称之为"恐慌"——的最好向导。20 世纪 30 年代末期，女性杂志《妇人公论》刊登了当时日本最为杰出的男女知识分子及作家的讨论手稿。他们在新的"生活文化"逐渐散布其名之际，就其地位作出了评估。其中的一场讨论，侧重于对相较于被褥及榻榻米而言的床及卧室之效用的评议。舆论极重地偏向了床。20 世纪 20 年代同样见证了由诸如留声机、录音机、玩具、小火车、望远镜，以及由明治、森永出产的新式糖果之类以孩童为受众的产品所构成的儿童文化的爆发。孩童甚至拥有他们自己的杂志，这些杂志模仿了更为通俗的妇女杂志，如《主妇之友》及《女性》。但因为关乎日常生活的社会话语被认为是流于表面的描述——其如字面所言那般宣扬、追踪、塑造了一种新物质现实的树立与流布——这些话语也开始显示出对于物质文化登顶之后果的疑惑、对于不平等性之影响的抱怨、"表面性"（大宅壮一），以及与日本军队占领满洲大概同时期的可见的社会矛盾。事实上，日本帝国的扩张，理应被算作同时意味着这一不平等性质的认识以及日本资本主义现代化进程中的首要社会矛盾。对由商品文化（及军国主义）所造成社会不平衡的持续增长的忧虑，诸多回应之中的一者，旨在通过对一种与海德格尔的原始日常性——它移除了现代社会的差异，是一种脱离了现代社会之当下的轨迹的深层文化——相类之文化的首要性作出呼吁，来减少社会的不平衡所带来的影响。

日常性空间的改制

关于日常生活的话语，在面向大众消费的新兴媒体中获得了构建，在这一过程之中，又是大众消费中的多元因素决定了客体、姿态及形象。社会思想者利用这一巨大的库存，以想象一刻新兴的社会现实。他们相信，这一现实最终将会渗透日本人生活的各个部分。诚然，日常生活是通过那些正处于工业化进程之中的城市被辨识的，而大多数的观察者却相信，在未来，日常生活将会成为社会生活的首要形象、永恒形象。这一信念解释了为什么两次世界大战之间的诸多活动都倾力将日常生活视作一处新兴社会空间之基础，为什么诸多思想者要为日本社会矛盾，以及伴随着固定团体、固定文化的不断构建而被投下的不平等之阴影此两者去寻找持久替代品。在 20 世纪 20 年代和 30 年代，第一个回馈，便是决定这一关乎亲身经历的存在的经验其含义。日本及他处的现代生活的危机，因此为含义之中的一种，使得交流经验的形态——即言历史叙事及历史话语——与亲历之现实此两者间的关系，成了一个问题。

在这一被我命名为"辩证之眼"（dialectical optics）的次

要话语之中，依照本雅明对于超现实主义者洞悉日常生活之神秘的方法所作出的演绎，其视当下处于最为突出的地位。当下作为粉碎传统之处，在记忆之中，在历史回忆的十足可能性之间，在经验其自身的交流之中激起了一场危机。长篇小说以及社会话语，都陆续开始将发展意向撤回棚内。发展意向一直是此两者生产的基础，如今却正侵蚀着它们、伴随着它们，并拥抱交流的新兴形态及即时经验。因此，私小说——"我"之小说——以及众多旨在取代历史的不着边际的努力，展现了历史叙事，即一种发展的形态，已经丧失了其与当下——生活之地——之间鲜活的关系，而只存一种"纪念式交流"的形态。

与之相反，作家、思想家如今和次郎、青野季吉、权田保之助、户坂润和平林初之辅，使自己远离此般纪念式的一段过去，并且为了表现性当下的涉入而对其存在的历史性状况——此存在处于固定时期之内——作出叙事的需求。九鬼周造、和辻哲郎、谷崎润一郎及其他于 20 世纪 20 年代对江户作出观察的观察者，则看向了过去的某一时刻：这一时刻，将作为日本民众原始、原创的存在背景而发挥作用。处在这两种极端之间的是小林秀雄，在总体上，他对历史表示了抗拒，却又寻求对处在经验联结过去及当下之际、为历史叙事所遗漏的日常生活的普遍性作出鉴定。这一光学折射，作为在未来把握日本现代之历史经验的关键，展现了日常生活在解释当下之时其所占据的中心性。今和次郎过分强调了一则观察，即 20 世纪 20 年代和 30 年代日本之日常性的势不可当的介入以及日本对于日常 *125*

性的热情，与欧洲人形成了戏剧化的对比。当时的欧洲人，尚未明确地将日常生活的这一维度作为主题。而当户坂润提出，日常生活同时为时间及空间的经验提供了鼓舞性的准则，权田保之助却于此时宣告道，人们的愉悦，起源于街道上的日常生活之经验，以及娱乐的新形态的可及性。今和次郎则坚称，日常性之所在及其在家中、街道上进行的交易，正是主观性的来源。于此，我们持有的不是对"现代生活"所倾注热情的简单表现，而是事例，其对于处在一刻并不完整却又持续对无法想象的可能性敞开大门的当下之中的日本人而言，自有含义。青野季吉表现出了这一新兴的现代背景之下一整个阶层的人们所体验到的两难及失望，在这一点上，无人能够与之匹敌。他记录下当日本小资产阶级的抱负超越了他们达成所望的能力之时，彼此之间滋长的疏离及不和。现代风俗被视作理性及理性的期望，而如今的人们，第一次处在了为自己作出决定的位置之上。正如户坂润告诫的那样，哲学已经开始凭借以下方式，使自身远离表现性的当下：通过把日本人的真实生活固定在历史时期之中，哪怕冒着误读过去，或混同抽象现实及具体真实性的风险，其也将存在的历史背景做了叙事化的处理。而其他人则将现代生活视作理性、高效甚至科学的，认为它需要信息及知识的流动。

　　户坂润、平林初之辅等日本人不同于本雅明、海德格尔等人——不包括克拉考尔——的地方，在于他们对新闻业、报纸、杂志的信心。这与为了一种抽象"现实"的构想或错误的具体性而忽视作为严肃范畴的日常生活及具体事物的学术话语的做法截然相反。这并不意味着户坂润或克拉考尔便不对新闻实践，不对其对于即时观察的依赖，不对其摒弃媒体在意义生产过程中所扮演的角色这一行为持有批判精神。恰恰相反，他们逐渐趋于将日常性视为被留在公众范围内的一物，视作国家及社会所属之世界留下的残余。这种世界不存有日常，因而是日常性的反面，是日常性的阴极，是日常性试图通过坚持公私间"正式"的分离而加以漠视的世界。对日常生活的转变，被视作对社会自身进行重塑的基本条件、以科学及理性之名对公认政治及社会关系进行改变的基本条件，以及其实现由当下之经验所提供的可能性的能力。

　　对介入一刻表现性当下而言最易认知的标志，是由建筑家今和次郎所创立的一门学科的形成。此学科创立于 20 世纪 20 年代，唤作"考现学"，今和次郎将其英译为"现代之学"（modernologio）。这一学科立刻透露了一种要对街道之经验作出把握与描述的、强有力的渴望，以及实现这一渴望的最好方法。虽然户坂润等思想者出于现象学意义上的形式主义而对考现学加以声讨，考现学却试图使城市中那正被亲历却又正被忽略的日常生活具有意义——通过集中精力商定新兴生活涉及的现代化风俗其所扮演的角色——尤其是使 1923 年关东大地震后的城市生活具有意义。此处，户坂润又自相矛盾地同今和次郎有所相似。这是因为两者都想要着重于作为总结式形态的风俗所享有的地位，通过风俗，他们便能够对现代生活的特征及含义加以理解。

　　对于今和次郎来说，这意味着对现代风俗及其与新兴多元主体性之间关系的描绘；而对户坂润来说，则意味着风俗被视作商品形态的一个替身，意味着超越单纯描绘，从而洞悉置于风俗及惯例身后之物，以此理解变化着的日常生活之可能性。他们以及其他人，都将日常生活与风俗、惯例及程式化实践之间的关系视作通往日常生活的关键。"我们的研究客体，"今和次郎宣告道，"规避了非常之物。总体而言，研究是关于社会及身处其中之人的日常生活。"[1]　此外，考现学业已成为一项"针对生活中之消费展开的研究"。今和次郎将对"商品"的购买视作理解日常生活不可或缺的一部分，此一部分是日常生活主要的组成部分之一，而不仅仅是出于好奇心的一股冲动。研究显示，对于消费模式的常见模仿，"一波模仿下层阶层的风俗"所标示的交易，早先由法国社会主义者加布里埃尔·塔尔德（Gabriel Tarde，今和次郎因他的著作而被熟知）所提出的、来自常常模仿上层阶层的较低阶层的模仿实践，是真实存在的。塔尔德认为这种关系是通过模仿和拟态的力量来调节的，是社会团结的保障，然而今和次郎则将它展现为一种对于不同风俗，以及在大规模范围内皆可获取之商品的需求，一个

127

1　Kon Wajiro, "Gendai fuzoku", in Nakamura Koya, *Nihon fuzokushi koza*, Tokyo：Yusankaku, 1929, vol. 3, p. 4.　　（文中引为 Fuzoku。）另参见 Miriam Silverberg, "Constructing the Japanese Ethnography of Modernity", *Journal of Asian Studies*, 51, no. 1 (February, 1992), pp. 30 - 42。

实质上在消费领域内发生的、进步的理性化进程的标志。引起他兴趣的，是商品、人群的持续流动及其无尽的循环。正是处在这一特定的时刻，今和次郎出于对全面商品化的担心而转向了阿瓦托夫早先提供的解决方案，而于彼时，这一方案已然在日本构成主义者的文本之中传播了。

在这一领域之内，阿瓦托夫提供了主体性的理念，以及人们在其日常相遇中所占据的主观位置，这些主观位置于他而言似乎是无穷无尽的。因此"考现学"这一学科尝试着手于作为"使用对象"的商品，将其功能性及效用置于首要位置。虽然它们看起来相同，但每一个都必须从不同的视角加以看待。有调查需要的地区，理应从家庭开始，因为家庭是社会架构的基本构成。就客体是如何被特意用于这些环境之中而展开的研究，今和次郎相信，将会带出"蕴含在这些商品之中的社会意义"，虽然所谓意义并非在表面上便明晰可见（Fuzoku，pp. 14-15）。因为行动者或购买者在心中带着特定的习惯参与了这些交易，所以他们同其所购买的用物一起出产不同的意义。今和次郎再次推进了对于主观性的构想，而此主观性是基于一则假设，即有所购买的人们正处在对其想要什么以及为什么想要有所了解的最佳位置之上。换言之，他们将按照一则告诉他们其应购买之物及此物为何有用的知识而行动。消费与鉴定效用及其价值的有意识决策有关，据有此知识的购买者便拥有了表现得如同一名消费者的权力。

今和次郎的调查基础，是针对处于公共空间、街道、公园 *128*

等不同坐标的人群发起的集中观察。他在调查中一度着力于行为、衣着，以及事实上的、日常生活的所有物质细节。他并不只是收集信息，也聚集了关于那些或会作为一种"有用的"遗产而在未来被流传下去的现代风俗的知识。在这一层联系之中，今和次郎再一次提及了现代本土文化人类学学者的渴望。这些学者在保存冲动的驱使下，对民间生活之残存痕迹和残留实践进行研究，以保存和传播永恒的习俗，并将此作为一种纪念的行为。与之相反，对于今和次郎来说，过去被当下、被此刻所淹没，在他自己的考量中显得渐趋模糊，而这也从他就于关东大地震后重建东京所发表的观点之中得到了佐证。因此他改而寻求基于当下之经验来为未来构建一间记忆的储藏室，而非传播一段使人想起其所丧失之当下的过去的记忆。

　　今和次郎的计划的非凡之处，在于他的渴望——将当下的社会构成，转变为被他称为"现代"的时间性。所谓现代，与户坂润对于"今"的构想有所类似，是一段似乎与过去毫无联系而伸展至一个不可知未来的时刻。这一构想之举，是由 1923 年的关东大地震及其余波所激起的。这场地震，是一件灾难性的事件，将东京这一城市的大部分从其江户时代的过去之中狠狠扯离；而其余波，则同时见证了城市的重建，以及伴随着其对于美国物质文化更为大量的进口而来的、大众社会的加速形成。重建城市的必要性，以及为 1924 年之后日本人的生活引入前所未有之物的美国物质文化的快速传播劝服了今和次郎，从而使他提出，新兴的经济、政治状况在如今有所规定：被烧

毁之处不应以其原来的形态重建。与之相反，过去就在那片他
与伙伴（吉田谦吉［Yoshida Kenkichi］）于第一次设想"考
现学"新计划之际曾经穿过、如今却已烧毁的土地的灰烬之
中。正因为他曾穿过这片土地，所以他将现代想象为"在人们
眼前发展着"的、"不断运动（動きつつある）的当下"。"如
果你向门外踏出一步，你就会见到作为［调查］客体的景象。"[129]
（Fuzoku，p. 1）[1] 虽然如此，但是对它进行把握及描述，他承
认道，将会是困难的。

　　今和次郎希望传达此经历的形式避开了叙事（正如柳田国
男在他对民众生活的研究中所做的那样），而是大量地用他在
现场绘制的图画和草图来说明详细的报告。以上所说的这些说
明，通常是行人的帽子、发型、衣着之类的图画，它们既构成
了现代风俗的详细目录，又构成了关乎多种标志着一条"不断
运动的当下"之知识的实践的一个档案。当今和次郎寻求其学
科与人类学、文化人类学调查等其他形态之间的不同之时，他
提出，人类学是与历史相互绑定的，而考现学则不然——因为
相较于过去，它旨在发现当下——从而将两者区分开来。这一
区别在他名为《东京都外风俗杂集》（1925）的书中所采用的方
法之中得到了最好的证明。而《东京都外风俗杂集》，比起一
种历史叙事，更像是一段纪实的蒙太奇剪辑。在这一报告中，

1　Kawazoe Noboru, *Kon Wajiro*, in *Nihon minzoku bunka taikei*, Tokyo：Kodansha,
　　1978，vol. 7，pp. 244 - 245. 川添（Kawazoe）认为，今和次郎感到了"阻止"风俗迅
　　速变动以在研究中对其加以把握的必要性。

今和次郎对"风俗"作出描述，它们在一日的特定时间段显现于银座的街道之上，演示所谓的"银座信步"（銀座ぶら）。而"银座信步"之中，也包括了各种观察，这些观察测算了打量橱窗的人们的比率，留意了一日中的时刻，以及在这一地区散步之人的年龄、性别、职业引起的变化，注意到了着装的风格与发型。[1] 他已准备好承认，仅凭这些现象上的观察不能解释考现学这门学科，否则此学科早就会将其功能委托给单单具有观察性的描述了。[2]

从银座生活之中辑录的种种细节提供了一幅现代亲历之经验的图像，一幅当下——日常性不可预见之全体的换喻式替身——的历史性图像。今和次郎承认了自身在"日常生活的实际调查"方面所具有的个人兴趣。这一兴趣从他对乡村生活研究，以及民众住宅设计研究的日渐不满中发展而来。他从关东大地震中受到了震动，进而决意将其调查之处变为即时的当下（"一个关乎日常生活的实际调查"），而不去审视源自过去的乡村农舍的风格，以及处于此一时刻，且任其生活蕴含于此中的人们。换言之，他将调查之处由过去及地域的典型产物，移为当下的时间以及城市的空间。今和次郎获得了来自一名最终"逃离那死亡之都"的艺术家朋友的帮助，从此便徘徊于被毁的场景之中，每日走在"焚毁的土地之上"。"我为自己记录下了实际为肉眼所见的各种事物而感到高兴"，他如此告白道，

1　*Kon Wajiroshu*，Tokyo：Domesu，1986，vol. 1，pp. 53-108.（文中引为 *KWS*。）

2　Yoshimi Shunya，*Toshi no doramatourugi*，Tokyo：Kyobundo，1995，p. 62.

就好像任何作为媒介之研究的其他形态，都不过是一种代表性的形态而已（Fuzoku, p. 6）。他那身处于此而对此景作出观察的反身意识，他那将自己置于调查之处的渴望，是一种呼吁，一种对那些见证人——他们证明了自身主张的可信度，以此占据那为人所知的主体位置——之权威作出的呼吁。同样通过此一证明，今和次郎承认，观察者的主体性并非始终能同被观察者的主体性有所区分。

　　与齐美尔相比，今和次郎认识到了一个经验的、客观的世界与一个内部的、主观的自我之间的距离，却仍旧想要通过施行一项研究计划，将自身置于场景的时间性中，以求克服两者间悖论式的关系。此间的场景，或是银座商店中的闪亮世界，充斥着质询人们的诱惑性商品；或是福川的棚户区，其中关于亲历之经验的"有益知识"将被传给后代。考现学的目的在于，在现代风俗消失在一段被遗弃且被盖章定论的过去之前，"在现代风俗变作历史之前，努力对其进行记录和研究分析"。另外，今和次郎也深信，对现代风俗加以理解的行为，写下了另一种历史。这种历史的相关性，可为未来的世代所利用。这意味着，在风俗硬化为习惯性的习俗之前，对其存在和经历的捕获。当他意识到他所创立的学科依赖于对扎根日常生活之此刻意识的社会学技巧的运用，又鉴于考现学着重于当下，着重于习俗及主体性的时间性，他对其与西方社会科学之实践的显著不同表达了满意之情。"在时间上，"他写道，"我们的现代之学对立于人类学；在空间上，它则对立于本土的文化人类

131　学。它旨在研究现代文化人的日常生活。"（Fuzoku，p. 5）今
和次郎细致地回忆了吉加·维尔托夫（Dziga Vertov）在《带
着相机的人》（"Man with a Camera"）中捕获到的、纪录片式的
蒙太奇剪辑，并如此描述他的作品："在东京正在被建设得焕然
一新之际，它持续记录并构成了东京的表现形式。"（Fuzoku，
p. 7）

　　现代日常性，是现代研究之"遗风"及"废墟"的容器。
这些正在被亲历的生活的碎片，就像被本土人类文化学家所珍
视的残存痕迹那般，能够通过对其赋予同时代之人的社会含义
的定位，表现出他们的内在生活。"在眼前不停移动"的事物
所组成的经验，一直处在逃离研究者目光的边缘。而研究者则
不得不紧握住此刻的这一移动的景象，以马上固定住此刻。换
言之，研究者必须掌控行动中的当下。因此，街道就像是一座
巨大的"历史博物馆"，它随展品展览的惯常变更而搏动。作
为这一正在上演的戏剧的结果，考现学所采用的方法要求研究
者"身处于彼处"，或如同今和次郎所说的那样，"站在家庭之
内，立于衣柜之内，徘徊于摩登女郎的团体之间，穿过公众聚
会场所……我们想要忘记那些成为我们日常生活状态的现实"
（Fuzoku，p. 8）。伴随着这一对于即时观察之首要性的坚持，
今和次郎趋近于将城市人类文化学者，变作一个偷窥狂。

　　今和次郎对于身处彼处之重要性的强调，与户坂润对于
"在"（虽然他使用德语"Da"来表示，但在日语中，"在"写
作"そこ"）的鉴定十分相似。在今和次郎的此刻之世界中，通

过空间之后便是度过时间，至此没有事物会被忽视，甚至连那些被扔在街道之上毫不起眼的香烟烟头也不例外。如同克拉考尔，今和次郎总是盯住那些似乎最为琐碎的事物不放，一旦注意到它们，他就会对其进行速写并作出细致的描述。通过同样的方式，历史叙事缺失于今和次郎对于日常生活的记录之中——虽然他的调查说明，日常能够用言语表达自身的历史。他的报告内容通常超越了形态自身，提供了一种即时性的可能意义（以及斡旋的欠缺）。这一意义，在他在某一温暖的下午 *132* 以井之头公园为题写就的报告中得到了最为充分的体现，并被牢牢地固定在了其公开承认的、可解的事物之上（今和次郎对于公园、游客及其活动的说明，详见第28—32页）。

　　有鉴于此，虽然今和次郎偏爱观察、讯问、速写并提供描述性的评论，但摄影这一新的纪实形态，在捕捉日常性那处在变动之中的当下、对艺术与日常相遇的节点进行戏剧化展现等方面具有更多优势。他在固定那些本可被新摄影技术更好捕捉的形态——尤其是纪实形态——之时表现出的对几近于工匠式方法的依赖，暗示了他介于现代性，以及其实际上仍在依靠的、对保护民俗研究的脉搏而言更为适宜的方法之间的矛盾态度。不过，他认为完整的叙事先于现代性。这一叙事（源自塔尔德），标示了直至当下的演化过程之中的三阶段：(1)封建风俗，因其使得唯有富裕之人才能获得万物，故而不佳；(2)19世纪，其使得所有群体都能进行消费；(3)现代性，身处其中的人们学会理性地面向消费。此体系中的前两个阶段，作为完整且被遗忘的历史性事物，先行于这一变动中的当下，而在如今使得自身的历史延伸进入了一段永远不会完整的不定未来。在这层意义上，过去对于一刻与未来难做区分的无尽当下而言，单单只是一段前历史罢了。

　　最终，今和次郎将他的学科认作经济科学的一张票根。他希望考现学或将主张一种主体态度，从而说服人们不去购买无用的货品，以此避免陷入商品化及"经济主义"的圈套之中。[1] 他知道，现代经济因素是被用来献给"商业化商品之研究的……它们是交换的价值，〔然而〕考现学则将这些因素视作有用的客体"。不过他也自相矛盾地认知到，即使时尚及流行是与"不经济的事物"相联系的，它们依然握有将人们从封建风俗、传统及礼节的支配中解放出来的权力。简而言之，"时尚的热情"，正如本雅明对其所作的称呼那样，能够将人们从一种被固定下来且不渝的风俗，以及这一风俗臭名昭著的"对日常的漠视"此两者所统治的封建主义之中解放出来，而与此同时又以一种束缚的新形态对人们作出限制。封建主义因其"非主体性"而排除了日常生活的可能性（由户坂润分享的观点），从而缺少了一种决定"日常生活之形态"之时必要的"自由"。今和次郎度过了一段缺少被其称为"生活革命"之经验的时刻，困在了被外向化却尚未抵达自我之内部生活的现代形态之中，由此他对于一种现代化进程——旨在使人们社会化

1　*Kon Wajiroshu*，Tokyo：Domesu，1986，vol. 5，p. 343.

并根据日常生活实际体验形成"日常生活之态度"——的贯彻进行了呼吁。

　　虽然今和次郎的现象学调查将他带入了一段与主宰着现代日常生活的细节及商品紧密相关的关系之中，他所采用的方法却阻止了他越过表面，去发现其身后之物。据他所称，在日常消费中寻得的意义，纯粹只是对其理性信仰的一个回应。其所信仰的理性，对他而言，代表着从封建主义的风俗世界之处远离这一决定性的行动。而现代风俗则代表着理性的制度，代表着一个流动且动态的社会环境，而非固定、静止之世界。换言之，考现学所采用的方法仅仅提供了对于日常生活细节而言最为详细的描述，而没有提供理性，不能如同今和次郎所期盼的那样，借助理性把消费者从商品化及人格物化的危险之中解救出来。被今和次郎描述为理性且高效的世界，经由其同代之人青野季吉的解释，变为了不高兴的、自相矛盾的、非理性的世界。今和次郎期望丢弃的过去，似乎又回到了当下，如同一个鬼魂，威胁要作出报复，且要求以现代化进程为代价获得报偿。

　　在德国，克拉考尔就部分白领阶层的困境撰写了一份人类文化学报告。这一部分白领阶层对"家"的找寻与其所处世界之内经济及道德的崩溃相一致。他在此报告中，就理性化进程与中产阶层工作者之折耗，就消费主义的期待与资本主义危机的后果等相应两者之间脆弱的关系，对乡村作出了警告。恰恰在同一时间，在半个地球以外的日本国内，青野季吉正着手出版他的《工薪族恐怖时代》(『サラリーマン恐怖時代』)。此书的扉页上描绘了一个从楼上坠向地面的男人。[1] 克拉考尔报告了当德国白领阶层——小资产阶级——愈来愈深地陷入对经济丧失信心的泥潭，只能通过"文化商品"等虚幻之物获得安慰，要求"庇护所"之安全、期望"回到家中"之际，他们的居住条件、态度、乐趣及抱负。较之而言，青野季吉的作品则更为正式地在资本主义社会关系这一更大的容量之中研究分析了工薪阶层（日本的小资产阶级）的社会结构，从而解释了他们为何注定要过上一种充斥着持续的不幸福及精神压抑的生活，以及这一切又是怎样发生的。而所谓不幸福及精神压抑，则是由他们那消费主义的期待与其无力满足期待此两者之间日益加剧的矛盾所引起的。青野季吉所说的工薪族，与那些作为知晓如何根据其特定效用挑选商品的消费者而被今和次郎授予主体性的人，同属一类。克拉考尔与青野季吉，都与今和次郎全然不同，他们将这一阶层与理性化进程等同起来：工薪阶层一度掌握了理性化进程；而在如今，理性化进程却在社会中破坏着工薪阶层在社会及经济上所处的地位。[2]

　　虽然青野季吉所报道的社会抑郁感染了当下所有的社会群

1　Aono Suekichi, *Sarariman kyofu jidai*, Tokyo: Senshinsha, 1930. (文中引为 Aono。)

2　在此或应该重申的是，今和次郎对理性化的热情蒙蔽了他，使他不能看到理性化造成的种种问题。对他而言，理性的获得代表着一种已经引领日本脱离封建风俗的演化进程的第三阶段暨最终阶段。由此，相较于理性化在消费与主体形成方面所具有的可能性，他较少考虑到其所聚集的矛盾与其所出产的不平等。

体，但是为其所亲见的，只是小资产阶级被"大资本"的重量挤压变形的景象。因为白领阶层在上流中产阶级与地主阶级、无产阶级与佃户农民之间占据了一个位置，故而他们经历了所有"生活轨迹"之中最糟糕的一部分。在经济上，他们与劳动者及农民共同承担了名副其实的困苦；在社会中，他们比肩上流中产阶级，成为文化的守护者。尽管与在城市及乡村劳动的穷人有着亲缘关系，小资产阶级却对不为其他阶级所注意到的、其所身处的矛盾位置有所意识。更糟糕的是，他们仍旧不能对其特殊的困境作出反应。其人既不能成立一个回应其所受社会痛苦的组织，也不能找到一个位置，由此发出关乎或将宣告"解放之黄昏"的抗争的，哪怕最为微弱的信号（Aono，p. 10）。

对于青野季吉来说，工薪族的恐怖时代，全然是对大型饥荒的一种预期，起码是完全的"精神贫瘠"。以同样的方式，他深信，小资产阶级其所经历的精神贫瘠的现象，可被视为一个转义的语词——一处作为缩影的重要价值——它指向一种与日本社会进行对抗而在社会上被更为广泛地共享的命运。他论说道，悲痛是一则现代的风俗，是一种散布在全社会而被白领阶层最为集中体验的社会悲惨的惯常行为。对于理解悲痛这一现代风俗而言颇为重要的，正如他所提及的那样，是对于人们自身"亲历之经验"进行领会，从而对这一特殊阶层的"现实"及"方向"作出理解。虽然可能丢失工作的不安定感使工薪族的日常生存变得恐怖，并加强了他们作为一个集体正在经历的恐怖，但困苦这一主要风俗处于"精神及心理的界域之中"，并通过他们生活之中"物质性的不充分性"而获得说明（Aono，p. 24）。在青野季吉的权衡之中，精神压抑发源于特定的心理习性。

虽然工薪族认为自己属于资产阶级，他们同样意识到，自己绝无可能在政治及社会中确保与其所处位置相称的"光耀"及"荣誉"。如同劳动者，他们既对其物质生活状况，又对会使其想起自身社会劣等性的"情绪状态"感到不尽满意。青野季吉观察到，他们旨在以整洁、正确及平和的存在形式生活，而在心理上，他们喜欢展现出自身所具有的沉着、乐观、安详、欢乐、平和、和谐等所有气质。因为他们相信，这些气质都象征着他们的社会定位。工薪族活跃地精确复制着"旧式道德的水库"等这些封建式过去的风俗。虽然如此，他们却又寻求对贯穿亲缘及家庭关系、邻里联结、友谊的伦理加以保留。在工薪族的意识之中，青野季吉补充道，"存在着田地及花园中的自然，其双亲家内的环境，对亲属的义务，以及其与朋友的关系"。为他们所渴望的冷静、清明、安详的沉着，并不仅从他们对和谐的价值评估之处发源，而同样来源于阶层的道德角色。通过这一方式，工薪族同时构建了一种进步的社会阶层架构和一个知识分子阶层。作为知识分子，他们发现自身在致力于保存伦理关系那更为早先的构想之时，却又自相矛盾地独自发现了现代的个人主义意识。这种两难境地作为一种矛盾，是他们苦难的根源，伴随着这一认知，他们的生活因为疏离，因为一种永不满足的心理习惯而有了缺陷。"工薪族所亲历的 *136* 社会现实已不能满足他们的生活，亦不能满足他们精神上的情绪状态。"虽然工薪族想要追求一种平和的天性，但作为替代为其所得的，只是一座位处近郊的屋宅，它附有花园，而从屋内向外眺望，却只能看见天空而已。当他们尝试着领导他们的亲戚去经历一种有序且和谐的存在时，他们得到的，唯有"丈夫与妻子、哥哥与姐姐之间冷漠的别离"。当他们想要以道德的姿态对其邻里及朋友有所表现之时，他们收到的，仅是不假思索的敌意及竞争。他们对于一种充满着润物细无声的道德及光明的生活的探求"受到了背叛"，而"幻灭"随之而来。在小资产阶级家庭中，妻子通过提醒丈夫，是他的失败而非广义上的社会引起了他的不幸福，使得"心理压抑"的氛围变得更为浓厚。妻子将丈夫的霉运归结于其自身的不完善及不足，以此避免唤出真正意义上的社会病态。青野季吉告诫道，当下，正目睹着一部工薪阶层"家族式悲剧"向前迈出的前几步（Aono，p. 24）。

　　至今似乎只有小资产阶级仍能维持作为家庭精神基础的、风俗上的夫妻关系。伴随着他们正在经历的悲剧而来的，是他们的决心：当阶级持续崩塌，无产阶级出于贫困而摒弃所有与家庭相联结的意义之际，小资产阶级仍要保存下"作为家庭精神基础的、传统意义上的夫妻之爱"（Aono，p. 28）。青野季吉解释道，工薪族的困境，很大程度上是因为作为其欲望和模仿对象的资产阶级"近在咫尺"。其对资产阶层生活方式的渴望受到了对不可得之物的渴慕的推动，工薪族发现，自己正向一种远在其可及范围之外的生活伸出双手。虽然工薪族是现代资本主义的产物，这一阶层却矛盾地拥抱了那些通常属于另一时代的价值观及态度，这使其被迫与更为现代的行为及风俗共存。

　　通过这一观察，青野季吉认识到了不均等在现代日本社会形成过程之中所扮演的角色。这并不单纯是一个为资本主义所需要的角色，其分隔开城市及乡村，甚至成为城市各阶层间悬殊差异的证明。更确切地说，这一不均等性展现了过去是如何与一刻总在召唤过去的当下进行互动的。不同价值观及风俗的并存，显示出当下于单一阶层内的不同时间性，从而揭露了一个必须解决的矛盾。青野季吉对于一种不均等性——其扎根在处于当下之过去的基本属性之中——之现身的洞察，与今和次郎对于一种日常性的表现产生了交锋。今和次郎认为，理性化进程仅仅是为了隐藏处于亲历体验之核心的矛盾及不均等性；人们为了表现这一理性化进程的胜利，出于实用目的而对事物进行消费；这些被消费的事物，则侵占了日常性。通过这一方式，青野季吉断言，"工薪族的悲剧，完全是一部自我矛盾的悲剧"——自我矛盾将无产阶级化的生活现实，以及资产阶级对于封建风俗的心理理想联系起来——"是现代个人主义追求与对〔过去〕和谐家庭至上主义之探求此两者间的矛盾"（Aono，p. 30）。

　　青野季吉因此将由不均等引起的不幸福（"恐怖"）归结于"商

品形态"（商品一個）、"知识"的生产，以及资本主义之下"专门技能"的陆续炼成。而这一炼成即为理性化进程，它启发了今和次郎，使之将消费者变为一名知情的客体，而能够基于实用价值作出有见识的决定。青野季吉则对现代化进程的负面影响表达了更不确定的态度。他拟将现代化进程等同于物化，因为他认识到，技能及知识，正如他物一样，是可被买卖的。社会，如同他所观察到的那样，正在出产着知识的新形态以及正被工薪阶层掌握的新技能。他也注意到，资产阶级，已不再去尝试对商品作出区分。在市场的计量之中，"鞋子"与"知识"之间并无实质区别，而只有在数量单位之内方才有所不同。通常而言，为了维持价格水平而对大量商品进行"焚毁"，乃为必要之举。而当知识及技能商品化，此举的难度便增加了，因为掌握这些技能的工薪族并非那些为了维持市场价格而可被轻易丢弃或毁灭的商品。虽然如此，他们又总是能被从其工作岗位上开除。

在某一层面上，随之而来的，是新技能及知识加速了过剩 138 生产，从而结束了短缺问题；然而在另一层面上，生产过剩使市场价格贬值，侵蚀了安定雇佣的稳定性，并最终减少了它的实质价值。机能及知识的"普遍化及平等化"所带来的后果，在于就更少职位展开的竞争的扩散，以及为了更多安定性保障而造成的"社会阶层间"长期"冲突"的涌现。另外，各阶层间就稀有资源而展开的愈演愈烈的竞争，唤醒了"对受压抑元素的镇压"，即通过对封建实践的再现来确保更大的控制力及更好的秩序，尽管很多人都对此感到不平及不满。青野季吉

（户坂润亦是如此）将在其所身处的当下发生的封建实践的复兴，视作工薪族在其日常生活中正在经历着的不均等性的进一步加剧。失业，以及随之而来的面对更少职位展开的争夺，导致了这些工薪族的"无产阶级化"，他们"堕入了地狱之门，穿过地狱，以一名有才智的无产阶级者的姿态，出现在了地狱的另一边"（Aono，p. 39）。

　　表面上，这种恐怖在社会风俗以及大量属于小资产阶级之人的行为中显而易见。他们感受并惧怕的恐怖，以"在现代流布于全城的享乐堕落"的形象，显现在城市的"爵士酒馆、舞厅及咖啡馆之中"，显现在一种新兴的性作风的激增及传播之中。这一新作风，总体名为"荒唐色欲"，是一个充斥着狂躁及惑乱的世界。"一群活着的生灵猛烈且疯狂地舞动着，"青野季吉报告道，"他们都是毫无希望的小资产阶级——工薪一族。一开始，现代舞似乎献上了无尽的多样性。"然而一段时间之后，将一大群人拖向舞厅的普遍的心理吸引力，满足的却是"由反现实需求推动的逃避或克服现实的探索"。在青野季吉的推测之中，受到恐怖打击的小资产阶级所制定的社会风俗，代表了一套隐藏了其所经历、体验的更深层现实的神秘社会象形文字。人们蜂拥至舞厅，失去控制地与一种发源于"现实之黑暗"的恐怖以及一种由现实所激起的"震颤"共同起舞。很快，他们便意识到，"凭借将当下变作通往现实的一块垫脚石的尝试来活在当下"，乃是"无望"之举（Aono，p. 41）。舞蹈的疯狂，过度的酒精消耗产生的麻痹，以及爵士引起的骚乱，同时夺取了人们的理性及自控能力。狂乱的行为同样揭露了"塞满"脾气的狂怒及愤恨。青野季吉记录下的怨恨同布洛赫在 20 世纪 30 年代早期观察到的德国小资产阶级积累下的怨恨是同一类。布洛赫将其描述为一种"盖住对于此刻所感到的无欲……盖住对于非同时的此刻所感到的无欲"的本质及主格，"在精神上有所缺失"的"一处贫瘠的中心"。[1]

日本工薪族的悲剧是多元因素所决定的矛盾引起的。这一矛盾安排他们扮演知识生产者这一不恰当的角色。知识生产者作为正愈发受到现代之当下所贬低的特定文化禀赋的守护者，其技能及价值正受到市场的破坏。由于他们既经历了自身社会身份之降低，又经历了自身一度珍视的文化之消失，所以知识生产者在心理上感到绝望。而这种绝望导致他们在精神上感到"空虚"。鉴于他们在社会经济中居从属地位，工薪族的"精神及心理意识"都服从于统治阶层的意识，这便意味着，他们仍旧缺乏一种强有力的、有自主权的精神生活。

在这一情况之下，青野季吉对如今在小资产阶级间欠缺的精神生活的中心性所作的呼吁，是就文化之社会进行了表达。这些社会在 20 世纪 20 年代，已被等同于精神之领域、无物质价值之世界。虽然这一阶层在经济规模上似乎下沉了，这却并不能够轻易地改变这一阶层的心理以及意识。青野季吉定位了保守的"理想主义"中工薪族的"世界观"的哲学基础，以及他们追求一种

1　Ernst Bloch, *Heritage of Our Time*, trans. Neville Plaice and Stephen Plaice, Berkeley and Los Angeles: University of California Press, 1990, pp. 108 - 109.

比肩上流资产阶级之生活方式的抱负。这一观点假定"精神"
"唯灵论""意识"及"我们"决定了所有事物，甚至"政治"
"社会""国家"以及"这一世界都是由精神性事物所决定的"
（Aono，p. 87）。他认识到，虽然这一理想主义的世界观，因为
是"有闲阶层的哲学"，并不直接参与生产性的进程，它却又处
于工薪族文化、精神生活的核心，是对所有事物加以评判的基
础。辩证逻辑的欠缺标示了理想主义的哲学（Aono，p. 88），因
而理想主义哲学将无运动、静态、事物的静止与固定置于首要位
置，并成功维护了一种诸如"世界""社会""国家"之类"目中
无一物"的意识。

　　一旦这一哲学进入了工薪族的世界观之中，它便立即被置于
紧接日常之当下的当前时间之处，而将这一当下解读为一种矛盾
冲突。这标志着特殊的时刻，在此时刻之中，文化其自身两极分
化为两片语域：高域处于精神的层面，低域则处于低俗、通俗、
物质、平庸的层面。在这一新的文化经济之中，高域意味着固
定、静止、无运动（反历史）、永恒，低域则指向日常性，指向
处在千篇一律中的前所未有这一通俗且平庸的世界观，指向商品
与大众消费的世界。[1] 哲学被赋予了任务，要去解释一条真正，
乃至更真的经验，解释一场不受历史偶发事件及变化所影响的、

---

[1] 参见 Aono Suekichi, "Geijitsu no kakumei to kakumei no geijitsu", in Kano Masanao, ed.,
Taisho shiso，vol. 2：*Kindai Nihon shiso taikei*，Tokyo：Chikuma shobo，1977，vol. 34，
p. 234。这一资产阶级的"历史精神"，是理想主义的产物，它相信，永恒性，即"一则
永恒的理想"，是不会被超越的。

真实的运动，解释一种充满超验价值的生活，它与那些正被大量的人在工业化城市的日常之中经历并体验得愈来愈多的生活，呈现出相反的状态。这种生活，理所当然地受到了商品形态的统治。它被标准化、平均化、同质化，是对处于社会中的生活性质的改变。哲学并不寻求对当下——资本主义——的社会形成作出分析研究，而要去供给一种得以对抗商品之大量涌入的文化慰藉。因而，哲学话语支持的，是政治与文化、过去与当下、伦理与美学的分离。为了达成这一分离，它尝试将大众生活颠倒为诗意，颠倒为神话，甚至颠倒为一个于正常情况下便荒无人烟、空无一物的世界。在这一世界中，比起身为一种历史上被亲历的经验的产物，记忆更像是"堆积起来却频繁失去意识的数据"[1]。

户坂润在他1935年就日本意识形态作出的彻底的研究分析之中着手拆解的，正是哲学的问题，以及其对文化层面的自负的追求。在《日本意识形态论》（『日本イデオロギー論』）一书中，他运用压倒性的逻辑，展现了那些将精神、文化的优越性投射于历史及政治经济的考量之上的理想主义哲学主张的全面破产。因而他寻求将哲学的任务重新定义为当下的问题，日常生活的"今"的问题。户坂润认为，今和次郎是他正在调查的日常生活现象学客体的俘虏。而与今和次郎形成对比的，是户坂润自身的哲学任务：在当下的整体性中解释当下之日常——因为想法自身已被"每日化"。当现代哲学被仓促地加

141

1　Benjamin, *Charles Baudelaire*，pp. 110-111.

以部署，以恢复文化精神的国度，展现出日本文化禀赋的实质是如何从石器时代开始便保持不变之际，户坂润则建议其同代人将日常视作一则需要阐明的中心哲学概念。

尽管日本国内外的思想者都坚持认为，日常生活应该与哲学分离开来，户坂润则回想起第二次世界大战之后列斐伏尔的事例，并将日常生活视作使当下之元素成为一体的基础。当哲学恰恰是日常性——其为哲学提供了一项沉思默想的基础训练以及一个新目标——的具体体现时，哲学，尤其是其在意识形态上的反映，已变得过分抽象，过分脱离日常生活。在列斐伏尔后期的发声之中，日常生活充当一则在哲学之外不可被理解的哲学概念，因而使其自身具有了哲学之使命。[1] 虽然如此，对户坂润来说，问题显然在于哲学家因将形而上学与事实混为一谈而造成的哲学家自身与日常生活之"真实性"的分离。但是今日的哲学家，他写道，"正在变得适当具有日常性，正如同我们正在讨论的现象一样"。哲学跌入了常识的世界，跌入了它正在经历的日常生活。[2]

在这一旨在使哲学与日常生活重新团聚的计划之中，驱使着户坂润，以及权田保之助、土田香村等同代人的，是一种想要将另类的日常性以及日常风俗之生产，与流布于 20 世纪 30 年代的、对国家文化的一种想象性的抽象加以并置的渴望。而142 他们的努力也受到了他们对于一段被遗忘、被压抑之历史所产

1　Lefebvre，*Critique of Everyday Life*，p. 13.
2　*Tosaka Jun zenshu*，Tokyo：Keikusa shobo，1977，vol. 4，p. 162.（文中引为 *TSZ*。）

生的意识的推动。这种意识将日常生活的物质性认作一个对所有空间布局来说皆不可缩减的单元——据户坂润所言，前苏格拉底派最早将其等同于哲学的真正使命。正因为此，户坂建议去接纳一种"实际的社会生活"，正如他所提及的那样，这意味着介入表现性当下的即时性体验，而非跟从一处现象学视角的给予，对事物的真实的样子表达认可。也正是在此处，户坂润立足于历史是由日常生活的空间所写就的这一观点，似乎对关于历史叙事——是就日本国内资本主义发展的天性展开的现代马克思主义争论，在最近出产了这种叙事——的强有力主张表达了抗拒。

三则相关的考量勾勒出了户坂润之话语的特征：（1）他对于现代性之危机的回应源自他的一项信念，即"经验"不复能通过公认的形态获得充分的传播。其意在于，因为风俗已固化为惯例，所以它不再反映出其出产之际的背景，以及其应当具体体现的道德。注意到户坂润对风俗之地位的专注，是颇为重要的。在他所处的时日，风俗几乎已经获取了无时间性的符号意义。（2）通过对日常性的专注，哲学或将被从其对宗教、理想世界的依赖，以及其对无日常的颂扬之中解放。（3）日常性最初是一类空间而非时间范畴，因为它的时间性是由总是以空间来体现的物质性构成的。在此处，户坂润揭露出的远不止于对海德格尔及和辻哲郎就《存在与时间》所作理解的依赖的一个暗示，以及置于彼处的重点。先前所言的彼在，被户坂润称为日常生活的"在"的特征，它不是关于存在者——存在着的人——的理念，而是指向空间存在其自身之特征的一个理念。空间存在是存在的条件，使存在及时间性移位为日常性及空间性。伴随着这一变动，户坂润希望通过将"日常性空间"的客体性置于最为突出的地位，以避开海德格尔之此在的主体性。作为结果，时间性及历史的各项原则从属于此刻的日常空间，并由其建构。

143 在一篇关于风俗与道德间关系的长文之中，户坂润谴责了所有不曾适当言及"衣着"的哲学。换言之，衣着仅仅是诸多被人们视作理所当然之事的风俗之中的一者，事实上，却也是"实在性"的代理。风俗，他断言，"在一开始就是一个确切的大众现象"。然而现代社会则好像将把风俗与那些制定分组并根据其制限生活的人联系起来的举动，看待为毫无必要的那般，执行着它的公共事务。就风俗之地位作出考量，需要展现出对大众的体察以及对其的敏感性，因为风俗的出产以及其在决定行为做法之时扮演的角色意味着一种普遍的赞同，以及公认的同意所具有的力量。如同葛兰西，户坂润在他的《日本意识形态论》之中将这一大众对于风俗的默认称为"常识"，而此所谓常识的效果，则取决于它将其出产的状况隐藏在其自然条件下正常平均值之后的能力。这并不意味着户坂润对常识之力量的反驳，而只意味着他的一种需要，即对其历史上的自然主义主张提出质疑，以构建一种新认同。

在对风俗之地位的讨论之中，户坂润求助于托马斯·卡莱尔（Thomas Carlyle）的《衣裳哲学》（*Sarter resartus*），并提

问道，哲学为什么一直都对最为普遍的事物如此冷漠。卡莱尔
使户坂敏感地意识到了除开那些超验事物之外，生活中的世俗
事物的重要性，并教授他以衣着在社会意义上的重要性。卡莱
尔将衣着视作一种如同他者的风俗，需要从理论上对其加以理
解，以发现风俗是如何被出产，又是在怎样的状况之下被出产
的。另外，正是通俗之物、普遍之物，才常常受到来自哲学的
误解与忽略。而无论风俗的普遍性多么具有欺骗性，其到底是
由社会的基本架构以及社会中人所出产的，带有这一出产行为
留下的印痕。社会的实质"获取了皮肤、血肉、美丽及不堪入
目，这些东西在我们所说的风俗中表现出来；而一切表现则终
结于衣着"[1]。通过身体获取形状的衣着，作为隐藏身体的遮
蔽物发挥功用，正如风俗隐藏社会的架构一般。风俗是社会
的面貌，是社会的面容（此处回想起本雅明将日期等同于历
史之面貌的做法）。它拥有具体性及具体的体现，若受讯问，
便将揭露社会构建之中的生产性劳动那蕴含知识的模式。以　*144*
同样的标准进行衡量，它又具有欺骗性，因为它展现出抽象
的一面，使风俗以有自主权的、脱离躯壳且不受时间影响的
姿态显现。

　　资产阶级社会科学已用风俗的表征或标志替代了它的实
质，遮蔽了曾经出产它却又遭它隐藏的社会状况，并将此状况
误认作科学诉求的客体。在此，户坂润呼吁，要对今和次郎之

1　Tosaka Jun, "Fuzoku no kosai", in *Tosaka Jun senshu*, Tokyo: Ito shoten, 1948,
　　p. 4.（文中引为 *TJS*。）

考现学加以注意，应将其视为一门旨在隐藏的学科，应以风俗及事物显现出的姿态接纳它们，而不要在遮蔽的背面找寻生产的历史及社会状况。新闻报纸甚至更为糟糕，他告诫道，它们轻易地略读表面，仅仅在风俗最为表面且"不稳定"的层面成功对其进行了把握，给出了一种无关实质的印象。因为风俗已被视作是拥有自主权的、平庸且通俗的，它尚未被视作一个社会问题，而仅被视作一种习性，一种原来的状况或尝试，哲学则已转向别处以寻找其事实。

　　哲学家们将风俗低估为一类关乎反映的严肃范畴，而户坂润则主张由"日常生活等同于风俗"，改为对"超风俗"及"超验"的事物作出呼吁，以避免普遍、世俗事物表现出的卑劣及平庸。现代社会的悖论在于，它"轻蔑地"对风俗嗤之以鼻，却又拒绝将其视作一个社会问题。这种讥讽的最好例证，反映在现代的性问题之上。户坂润活在一个已将批评家描述为"怪诞""情色""荒诞"的时代，对他来说，性实践表现了现代风俗的一个例子。他写道，在近日，女性显然把性作为"个体生存的一项支撑"，这既指女性在娱乐产业（咖啡馆、酒吧、餐厅）中新的独立工作，也指社会研究者已经报道的明显事实——大量的女性已被带入城市卖淫。社会拒绝将这一现象视为不止于现代风俗的现象，因此不能理解卖淫的发生方式及影响，这是一个重大的问题。

　　不同于贺川丰彦（Kagawa Toyohiko）等研究者，户坂润不是单纯地呼吁对性产业的道德维度加以注意，也不只纯粹表

达了自己的盛怒，而是注意到，身处此一特定日本历史时刻的 *145*
女性，正被大量招募以满足大城市红灯区的需求。女性的问
题，他控诉道，因为让位于一种鼓励男性只将女性视作美女以
及"挑逗、享乐的客体"的态度，而被完全地忽略了。户坂润
考虑要去作出展现的，乃是风俗，它总是扎根于将其出产的特
定背景之中，而在此例中，这种特定背景便是资本主义，而资
本主义又与道德的形成有所关联。相较于对现代性行为是如何
成为风俗或常识的研习，现代性行为自身才是那些经过考量而
得出的观点嗤之以鼻的对象，它被贬为一个就道德上的是非所
展开的疑问。（户坂润显然批评了贺川丰彦及安藤信吉作出的
重要统计调查——"日本道德统计"——所代表的那一类社会
科学，其诉诸以量取胜的方法对表面进行略读，却援引一种与
现象生产毫无关系但显然取代了真实起因的道德规范，以此谴
责处于调查之下的实践。）虽然如此，道德提供了关于政治观
点的索引，而这便解释了为何对现实——"境遇"——是如何
成功使性行为成为通俗道德的内容投以密切关注十分重要。

对户坂润来说，风俗与道德的相互联结，揭露了一个反映
社会权威的现实——具有权威地决定对社会而言何为适宜而何
为不适宜的主张。正如他在就常识作出的长期思考中所做的那
样，他想要点出的论点乃是对风俗及道德有限的给予，此种给
予逃脱了科学、理论的衡量而抛出一种超阶层、超验的视角，
在其无时间性及永恒性中，这种视角稳固地凌驾于所有利益而
保持安定。他指出，虽然日本国内的新娘买卖被宣告是违背伦

理的，与卖淫相关的现代实践却已逃脱了类似的评判，这是因为，两者在原则上所服务的，是不同的商业利益。他相信，通过风俗的境遇以及其可能性的条件而对风俗加以把握，将在很大程度上改善社会的基本缺陷（*TJS*，p. 9）。

户坂润所寻找的，是一个将会对风俗及道德之地作出定位的方法，这便也意味着，这一方法以生产关系为基础，并根据一段特定的历史及其基于阶层的利益，发现了自身随之而来的意识形态化趋势（*TJS*，p. 13）。将日常生活认作公然反抗惯例的新实践的所在之处，而非一个充斥着不受时间影响之风俗及道德的容器，此举质疑了无时间性之主张。风俗纯粹是外壳，是隐藏了对风俗表示认可的道德（及权威性）之核心的外罩衣物。道德（及权威性）的核心，虽然貌似既具抽象性又呈形式化，却能借助适当的讯问浮现于表层。这一外在"表皮"，正如户坂润对它的命名那样，赋予了道德以面对科学之质问的免疫能力，并认可了其关于自然性及永恒性的主张。风俗是历史最为有力的功用，而历史却被迫撤出了风俗。这一去历史化的操作，被用来移除作为社会问题而值得加以调查的风俗及道德。在民俗学研究者手中，去历史化的风俗成为对其加以保留的首要条件。为何要推动对在哲学层面就风俗进行研究分析之举的忽略，此中的理由解释了日常生活其自身得以逃脱严肃关注的原因。

"如果今日的目标在于对超世俗的事物作出考量，这一目标将会标示出特定的特征……世俗事物的特定特征。人们开始特意以那样的方式说话，是因为他们见到了一些状况，这些状况使他们在面对其于当下这一时间中［察觉到的］、广泛传播的平庸性之际，采信了这般对立的佛教信仰。"户坂润对这一观察作出回应："一个至今获得最广泛理解的现代哲学术语，是日常生活这一用语。"（*TJZ* 3：136）将日常生活视为平庸且卑劣的，便意味着将其在当下不受欢迎的现身评判为一种从原始的、更高级存在形态之处的衰退。这一观点指向了对非真实日常生活的海德格尔式的明确拒绝，而这一拒绝，在那些过着"原始宗教生活"的人们之间尤其普遍。而这些人，又与那些出现在日常生活之中的大众分离了开来。"不相信日常性的人，主要是那些在广义上的宗教人士。"（*TJZ*，p. 136）谈论另一个世界，是神学而非哲学的主题。

　　户坂润想起他在早期的计划中，将风俗视作一类应当被充分研究分析的范畴，并提出了一个观点——另一世界之存在表 *147* 现了抽象性，而抽象性与日常生活提供的具体性恰恰是相反的概念——以此贬斥了神学对于日常生活的漠视。他将神学家描述为"另一世界的哲学家"，他们始终都通过日常性与人们的关系，错误认知日常性的特殊特征。只有当神学被吸收入哲学之中，它才会与人类再度团聚。如同本雅明那般，户坂润将日常性的经验视作宗教的恰当替代品。

　　日常生活跟从一种反映在喜爱、规划、反映间的循环之上的反复模式；它既是物质的，又是具体的（*TJZ*，p. 137）。日常事物的物质性——在这些日常事物中，实践是重复的——永远不会完成，总是构成一种局部的历史化，对立于风俗以外的崇高而深刻的世界，而后者以完满性及完整性为前提。户坂润对于日常性的看法，提供了一处场所，其相对于一个将生活置于外部并使之脱离人类可控范围的世界，是一个迫近的范围。现代哲学家业已尝试通过采用"现实"（现实）这一日语术语来描述形而上的非日常世界，从而巧妙地处理这一区分。这一术语，他推断道，仅仅在表面上以纯理论的抽象方式围绕着具体事务，而与此同时，它将现实转变为了"非现实"，乃至"虚假的现实"。

依据为"意志""主体性"或"私人性"的鼓吹者所拥抱的现实之构想，是虚假的具体事物勾勒了日常存在的特征。在使用"现实"这一日语术语之处，户坂润倾向于使用"现实情况"（actuality）来描述日常生活的规则（*TJZ*, p. 137）。虽然这一术语已如近期为意大利法西斯主义哲学家乔瓦尼·詹蒂莱（Giovanni Gentile）所用的那样出现在了形而上学之中，户坂润希望，自己或能通过展现"现实情况"是如何与确凿性、时间性、空间产生连接的，而避开这些"理想主义"的危险。如果最为普遍的事件不受形而上学的影响而顺从于一种考虑到其历史的哲学考量的话，日常生活便将从惯例及必要性之中被解放出来，从而对可能性保持开放。在此之中十分重要的，是使日常生活与当前情况（现状分析）有所关联。"当我们谈论到日常中发生的事情，对于大众生活来说更为重要的，难道不是饭与茶是否充足的问题吗？"对当前情况之性质的辨析，会使

148

得哲学脱离其对于抽象事物的习惯性依赖。而这种依赖，或是
"深层哲学家"以及"那些反复吟唱着能剧的工薪族之类的文
士"的一种"癖好"。然而，通过当前情况使哲学成为一体的
目的，是解释"存在的物质特征"（*TJZ* 3：71）从而认识到其
作为一种具有关键意义之实践的使命。有鉴于此，哲学可以从
新闻业中学到一些东西，它最好的一面是对日常生活的批评。
只有随当前情况及同时代事件而展开的批评，才能够发挥"针
对演绎的形而上学的最强抵抗"，从而出产批判的准则，而非
批判的行为（*TJZ* 3：140）。

　　最终，户坂润，如同今和次郎那般，将日常性等同于"今
日"——以及，甚至于，"此刻"——"今日"与当下（现代）
及同时代性分享着共同构架。这一对此刻性——日常生活的空
间——的感知，出产了实际事物，而这些实际事物又组成了日
常存在的准则，并成为执行实现之地。当这些形成"历史之神
秘"的日常性准则似已决定了历史时间时，日常生活与历史却
又再度重聚，因为日常生活被认作一处隐藏或"庇护"了"历
史时间之结晶的核心"的空间。户坂润对历史时间那貌似无尽
流淌的流量的缩减，指向了存在那最为基础的最小单位，即构
建着体验的每日互动。据他的观点，生活始终处于当下之中，
又或许处于现代之中，"处于名为当下的时间段中"。同时，一
个浓缩了当下时代并与之共享意义之法则的"今日"，就是
"现代性的准则"。因此，历史时间在其被经历之际，受到了日
常生活之准则的支配。当下在今日被"缩影化"了，而在"此

刻"（今）的时间性中更是如此。此刻的时间性以换喻的方式发挥着功用，从而揭示了其所分享的当下的、当代的现实的天性。

户坂润对于日常的构建代表了一种对连续的诸日的程式化且反复的展现。连续的诸日，由普遍事件维系为一体，却又能够互相区分。正是这一差异，受到了日常的隐藏或"庇护"，并形成了历史之神秘、绝对物之准则，以及"庇护〔了〕历史时间核心的结晶"的、避无可避的日常生活。"连续的诸日"这一词组意指一种信念：在每日程式的反复中，对风俗的批评将会揭露变化中的惯例的新可能性。

相较于海德格尔将未来的死亡认作构建生活的时刻的设想，户坂润所呼吁的，则是工作的理念，是受到个人死亡限制的工作时间的理念。这源于他的一则信念：日常生活的彼在是先于存在之现身的；而正是劳动，再现了彼在的空间。因为"死亡之时总会到来"，在一个固定的时间框架内对工作加以整顿，便是必要的行为。日子在连续性中聚积起来，但今日与明日却不可以相互替代。对于当下、此刻的观点，始终关乎工作的时间，而这一时间不会是明日——因为死亡，明日或许永远不会到来。由此，户坂润坚称，今日，此刻，具有一种"完整性"（solidity），而各实践必须符合其即时的情况，符合其历史时刻。时间性因此被投入日常生活的空间之中，由其"此在"加以决定，正如户坂润的同代人、语言学家时枝诚记对于被其称为说话的"场面"所作的展望那样：说话的场面，将会为语言的使用提供所指的对象。这一在此性（Da-ness）表现了由延伸性、持续性、承续性及长度所决定的一种物质性，一处"任意地点""所在地"，以及"情况"。在这一空间中，人们依据当下（今）——此刻——之中的事情及其重复，而非一种来自未来的命运的支配，来组织自己的实践行为（*TJZ* 3：264）。对于户坂润来说，日常性始终回归于物质性。

换言之，户坂润将日常性视作一处蕴含着物质属性的空间，而物质属性的"在"之特征对其作出了识别。彼在的性质是为了日常空间而保留，而不是为了海德格尔之存在而保留。正是这一对日常空间的构想，被电影导演小津安二郎（Ozu Yasujiro）在战后的一些电影之中捕获，而在缺乏作为"复制的怀旧之处"[1] 的角色或行动的框架之内，展现出日常生活的自主权以及其绝对的物质性，而非关乎普通事物的德勒兹式的"单调乏味"。此外，这一空间构建了一些人的时间性。这些人依据那些先后于此刻——今日——的日子的连续性，留在了这一空间之内。不同于海德格尔，对户坂润来说，今日便是当下，便是风俗及重复行为发生之地，便是一项始终未完成的历史化进程，且进程将会亲自反抗将历史叙事作为实现之空间的主张。历史的核心处于这一沉淀的日常性之中，并将在关于风俗及道德的批评产生可被寻得的新可能性之际，被揭露开来。从这层意义上来说，历史的身份，便是实现过程在今日及昨日

1　Marilyn Ivy, *Discourses of the Vanishing*, Chicago：University of Chicago Press, 1995, p. 56.

的沉淀层所出产的差异了。虽然仅仅对产生这些可能性所需要的条件作出猜测并不困难，但鉴于审查机制以及来自国家的威胁，户坂润还是决定不对其纲领性的细节作出详细说明。而为我们所知道的，则是他将规划算作日常生活的主要活动之一，且在他那具有预见性的文本《日常性原理与历史的时间》（『日常性の原理と歴史の時間』）之中，他承认了以下观点的正确性：历史的时代划分，反映出了时代树立之际政治的重要性。重要的时刻或时间段拥有一种分明且显著的特征，而其通常由政治出产。显然，对于日常生活中的风俗的批评——使得来自当下的给予趋于实现——指向了可能通往被他视作"新惯例的创造"的政治道路。

如同两次世界大战间隔期间的诸多日本人一样，户坂润的日常性之图像，似乎是由无数时间的沉淀构成的。日常性的时间性来源于诸日的连续性，昨日、今日、明日，或者连续的诸多此刻的分层。但是，对于紧接而至的遭遇、偶然发生的事情、未曾意料的相遇，以及令人惊异的时间等许诺，他也保持了敏感。若这些事件能被适当地以批判性的眼光进行研究分析——若其能被实现——便可通过介入过程那出产新惯例及风俗的、更为明晰的形态，造成惯例的毁灭，以及惯例意义的重塑。

户坂润在投身唯物主义研究的哲学话语的框架之内正式展开工作，颇类似于他那来自意大利的伟大同代人葛兰西——他将马克思主义编码为一种实际运用的哲学。正是这一话语中的逻辑,为思考日常实践是如何被破坏开辟了新道路,而不去诉诸一条明晰的革命理论,一条在凭借想象而作成的叙事的接续中形成节点式事件的革命理论。这便是户坂润思想中批评的功用。然而,如同马克思主义者一般,他仍然坚持阶层及世界历史的重要性。"如果个体只是一个'我',或者社会不被视作某阶层的一员,如果一日并不被认作处于世界历史之中的一日,这便是有所不足的。"他对日常的构想被定位于"任意地点",即刻便能吸引人们对单体、本地与总体、全球间关系的注意。这在日本,以及任何其他正在经历着资本主义下日常生活之程式及反复的社会,都一样为真。不过同样为真的,还有存在于这一空间之内的其他可能性。日常是无数实践的场所和时间,这些实践能够通过批评的能动力量——实现过程——颠覆惯例,从而标示出昨日与今日间的差异。如同列斐伏尔那般,户坂润将日常性视作重复的焦点,以及一处始终对批评的实践做好准备之地。而他所希望的,则是这一批评的实践仅会在他入狱并死去的几年之前被书写,并通过将哲学返还于物质条件以及在最初赋予哲学以生命的实际存在,给予哲学以其终极的意义(*TJZ* 3:162)。

批评家小林秀雄,对户坂润就以下观点表示了赞同:思想若不被实际生活所了解,便是无关紧要的存在。他或许也同意,文学,而非历史或文化人类学,才是日常常识进行表达的首要之处。但是小林秀雄同样承认,户坂润与他是不同的现实主义者。虽然两人都相信,小说是传播正在日本被亲历着的日常生活经验的最佳形态，但是两者就哪一类小说最好履行了这一功用的问题产生了分歧。对小林秀雄来说，占据这一角色的，是私小说——一种在 20 世纪的日本发展起来的混合形态。私小说传递了一个发生着频繁转变的时代中的生活经验，却又保存了更为古旧的文学传统的元素。两者的争议围绕着关于什么可称作"纯粹的文学"而阐发的几种主张展开。"纯粹的文学"着重于单独的自我——其貌似不再需要社会。争议的对象，还包括充斥着无产阶级现实主义且服务于阶级斗争的小说。然而我相信，小林秀雄在这一论争中更多地站在了正确的一边，因为私小说证明了它对一种特定的日常生活的嵌入，谈到了日本在社会及历史层面上的时间性，而这对户坂润来说也是可供认知的观点。事实上，小林秀雄观察到，"马克思主义作家对于将世俗"作为小说的材料"表达了抗拒"。"并不是年轻的马克思主义者丧失了对日常社会的感触，"他接着写道，"而是他们的意识形态指导着他们，令他们将'生活'的概念由世俗性的转变为了历史性的。"[1] 在其于 20 世纪 30 年代写就的论文《思想与实际生活》(『思想と実生活』) 之中，小林提出，与实际生活相分离的思想，是毫无价值的。"一种不去追求在实际生活中作出牺牲的思想，只会在动物的脑中出现，社会秩序，无非是日常生活在思考中所作的牺牲……它受到了实

₁₅₂

---

1 Paul Anderer，*Literature of the Lost Home*，Stanford，CA：Stanford University Press，1995，p. 79.（Kobayashi，"Discourse on the Fiction of the Self ".）

际生活的独特牺牲的滋养。"[1]

虽然小林秀雄也有意赞扬菊池宽等日常文化的其他实践者，但对他而言，最完美示范了思想与日常生活间关系的现代作家，乃是志贺直哉（Shiga Naoya）。"志贺，"他写道，

> 是一个实干家，拥有着一个功绩披身之人所有的精神。他所拥有的技能，若与实际分离开来，将不会具有任何意义。在志贺身上，出产被实际生活吸收为日常生活的一部分，乃是意料之中的。艺术并不依据实际生活的解体而出现。（*KHS*，p. 231）

小林补充道，没有作家较志贺直哉而言更多地投身于将日常生活的理论变形为艺术的事业。这恰恰是因为，文学更能传播日常生活的经验——它是塑造了文学的具体之物——且文学较之于历史叙事，是一种更为卓越的形态，因为在小林看来，历史叙事正逐渐滑入不可消解的抽象及遗忘之中。就此，户坂润对于一种受到日常性之准则驱使的历史时间性的构想，与小林秀雄自身对于历史叙事的抗拒趋于接近。私小说则以作为纪念行为的典范式形象，伴随着小林秀雄一同出现。

在《历史与文学》这一本就在战争打响前不久写就的文本

1　Yoshimoto Takaaki，ed.，*Kobayashi Hideo shu*，Tokyo：Chikuma shobo，1977，pp. 221，223，231.（文中引为 *KHS*。）

中，小林秀林声称，历史叙事业已丧失了其与当下的实际生活之间鲜活的关系。作为一种形态，它不再能传达记忆，因此，它通过将当下想象为进步的顶点而成为现代遗忘的标志。他想要展现的，是历史永远不会重复自身，正如同历史学者所相信的那样；而且正是其主张，要去代表关于进步发展之叙事的主张，坚定地确立了一个充斥着各种几乎难以达成的调和的虚构体。很重要的一点是，虽然小林秀雄并不喜好历史编纂的实践，他却着实看重过去。在就通往一刻进步之当下的发展作出解释之际，历史必须依赖于一条紧密的因果链，排除并无视私人且普遍的体验，比如对过去的丢失，以及关乎过去的记忆。现代性需要忘却，因而丧失了实现纪念式沟通的可能性，而只有文学才能对此加以挽救。尤其被遗忘了的，是布洛赫在很久之后提及的日常。布洛赫指出，因为日常尚不是"信息"，所以"我们情不自禁地会去思念"日常。[1] 举例而言，如果一位失去了孩子的母亲的态度也被考虑在内，那么事件的历史现实，也会与它曾被经历的样子有所不同。历史现实将会伴随着对于起因及状况的考虑而止步不前。虽然如此，但如果在这一进程之中，事件——例如失去孩子这件事——并不伴随着感情而发生，那么意义便会丧失。况且，如果情绪及感受没有被表达出来，那么即使死亡的发生在细节处获得了解释，婴儿的形象作为一幅记忆图像"在［心灵］的眼前忽隐忽现"一事，却

1　Alice Kaplan and Kristin Ross, eds., *Everyday Life*, in *Yale French Studies*, no. 73, New Haven, CT: Yale University Press, 1987, p. 15.

也失去了合理性。母亲知晓这一经验，他评论道，而且她知道，除非历史现实也被真心实意的感受所笼罩，否则孩子的死亡将不足以有资格成为历史的现实。

意义并不来自事件本身，它来自那些感受到其力量的人们，而他们则意外地变成了各种事件而被人铭记。母亲的爱是这一意义的来源，孩子在死去很久之后，因为仍然于今日被她爱着而得以继续存在。仅仅凭借这一原因，诉诸那些围绕着死亡的细节以在心中铭记孩子之举，便是没有必要的。在母亲的考量中，事实对于恢复关于孩子的记忆而言，并不可靠，亦非必要。小林秀雄埋怨现代的历史学者，他们对历史上具体事物以及主体性的轻易调用，仅仅表明了模糊性及抽象性。虽然如此，但是如果历史学者坚持要继续使用这些术语来解释历史，那么母亲的回应便是实现历史现实、将其具体化和客观化的一个更好的例子。小林在他的"内心"中相信着，正因为这些每天都被经历的事情，历史才得以真正形成，但它们在历史现实中又普遍受到忽略。"我们是否正在变得自相矛盾，"他质问道，"当我们谈论那些在每日生活中被体验的事物之时？"

小林秀雄承认，自己并非哲学家，却仍然深信以下观点："与我们凭直觉体验的历史相关的智慧，并不是畸形或扭曲的［不具］。"（*KHS*，p. 277）事实上，母亲，并不是一名受过训练的历史学者，却更为灵巧地运用了历史学者的技巧，将记忆"吸入"距其生活更为相近的历史之中。日常生活因此既是经验之处——那些经历过它的人提供了它的意义，亦是记忆的水库——历史叙事必须从传播交流的利益出发而将其忘却。他控诉道，现代人"跨坐在一匹叫作历史之理性发展的驽马之上，一边高呼着自由及进步，一边向其挥鞭；驽马理应知晓个中区别"（*KHS*，p. 278）。小林秀雄应该没有读过本雅明，而将对文明的追求描述为一种"野蛮人式的探索"。历史事件如同一个巨大的竹篓，从一片"历史的广阔大海"之中捡拾起的，无非是一些微不足道的小鱼小虾。历史忽略了正在它面前发生的、人类存在的广大景象。诉诸日本的中世纪文本之一，《平家物语》，小林秀雄解释道，虽然作者同样对发展作出了思考，这种思考却像是施加在他身上的重量。可以说，作者个人肩负了不可预料之历史的重量。其情感的表现对于正在被记录的种种来说，是十分关键的。同时代人发现，历史中的偶然及"不合理"是令人烦恼的，因为只有进步是必要且有利的。大脑为了陈述这一故事而开发的因果关系，与接近于日常生活——日常生活在心中创造了鲜活的历史情绪——的经验，没有任何关系。"我体验到了历史的必要性：只有在历史中，自由与偶然性才被粉碎殆尽。"（*KHS*，p. 280）从这个意义上说，小林秀雄授予日常性以想象及回想的力量，以此反对一种受到理性及旨在忘却的意志所驱使的历史。

　　小林秀雄总结道，历史，是一门"经典"，是一面自我的镜子，需要诗人本能力量的惯常打磨。借助 14 世纪北畠亲房的忠臣形象，他解释了其历史观念的不变不移。他的观念不会产生变动，是由于它发源自日常生活之经验。文学展现出一个

事实：历史占据了一块永不变动之地——小林秀雄将其称为
"永不变动之地的神秘"——此事实让我们知道，关于历史变
化的诸理论不再是必要的。小林秀雄将历史描述为一种静止的
神秘，他想通过这一做法表达的意义，乃是历史如同日常一
样，永远不会改变。此地便是被葡萄牙诗人费尔南多·佩索阿
鉴定为缺失于历史以及每日生活的无数普遍事件之中的"忧
虑"之地。当人们意识到其不为获取知识而为了恢复精神，重
复"打磨灵魂之镜"的行为的必要性时，对于正在研读着北畠
亲房的小林秀雄来说，每日生活便仍对他保持开放（*KHS*,
p. 289）。正是处在于此一日常中被亲历之经验所具有的普遍
性——历史的忧虑——当中，历史似乎是静止的，标志了源于
日常生活的情感生活中的普遍传统。而日常生活则保持不变，
却又始终对"打磨镜子"的必要性保持了开放。然而小林秀雄
最终仅仅在日常生活的再次神秘化方面取得了成功。他使日常
生活对于大多数事物而言变得不可进入且无法渗透，使其仅对
那些在认识到感受及情绪之后能够对"永不变动之地的神秘"
加以理解的诗人、艺术家等少数人保持开放。通过将日常性重
新定义为具有氛围之处，他冒险抵达了已由现代法西斯理论家
先行到达之地。

　　尽管户坂润将日常性视作与世纪历史的更宏大进程有所关
联的"任意地点"，小林秀雄则确信，他在其中见到了一个围
绕着迫切寻求现代之超克的日本而展开的新历史构想。那些似
乎要将历史性的当下与未来、本地与全球相连起来的事物折回

自身，将特定事物转变为例外事物，将当下转变为过去，将日常性转变为创造了艺术的感受所具有的永恒价值。对于小林秀雄将日常性的普遍经验置于首要地位后造成的影响加以注意，是颇为重要的。此举不仅毁灭了过去与当下间的分别，使当下变成了过去，也同样使得日常生活，与户坂润作出的文学批评——将日常生活指明为此刻的哲学使命——两者之间的分离成为可能。由此，将日常性融入政治实践的可能性，便伴随着户坂润的去世一同夭折，并且关乎未来的可能也显然被排除。户坂润没能活着见到战后的日本，小林秀雄却直到1970年都亲历着它，见证它做出了一些妄图将日常生活与政治，即民主相连的无效尝试。然而尝试之后，日本便迅速地转向了一党制规则的树立，用"高速经济增长"以及"收入翻倍"的政治口号取代了政治的实质参与；其亦转向了对一种自时间之始便保持不变的永恒生活中所缺失精神的恢复。

　　小林秀雄的战后杰作《本居宣长》通过多种方式为一种本土美学禀赋——其业已奇迹般地成功超越了历史自身——的永恒化提供了术语及论证。他对日常生活的构想，颂扬了超越了过去与当下之界限、并将文化价值凌驾于文化形成之上的永恒中心价值，预示了文化的理念，而此理念则将更好地服务于这一战后的社会。其中，他对于永恒中心价值的颂扬，强化了将日常生活从历史之处、将风俗从其出产状况之处、将美学从伦理之处分离之安排的贯彻力度，徒给社会留下了消费，而非实现批评——为了实现一种名副其实的、具有参与性的民主而作出的批评——的可能性。战后日本国内，只有小津安二郎的电影使我们同时回想起了那一时刻的时间性以及社会中依风俗而存的物质性：时间性关系的是日常生活许诺种种新可能性的那一时刻，而物质性则赋予社会以自主权。这些电影回顾了20世纪50年代的一种日常性，如今这一日常性业已趋向消失，而被一种定型为战后秩序的社会新构想所取代。一部由20世纪50年代和60年代行为艺术家所创作的作品《具体》，或许仍然会使我们短暂地想起一种努力，一种对扎根于亲历体验之具体性的日常性再次作出设想的努力。《具体》这一艺术家群的作品，预示了艺术行为的后期形态。它或许寻求采用极端的手法，来觅得实践的新模式，并以此构建一则社会批评——虽然社会批评貌似已伴随着其与《日美安全条例》的抗争，以及对于一个只想要成为其战前前身的加强版本的国家的回归加以阻止的失败，走向了终结。 *157*

　　如果《具体》艺术家群的行为艺术可以说是在寻求对战后日本生活中具体事物的重新定位的话，那么导演今村昌平（Imamura Shohei）在他非同凡响的纪录片《日本战后史：酒吧侍女的悲惨生活》（『にっぽん戦後史　マダムおんぼろの生活』）之中，则贡献了一则日常所书写的可能之历史的具例。在这一纪录片形态的才华横溢的展开之中，今村昌平将人对可能性的回忆与战前其对日常性更为早先的发现联结在了一起，从而尝试在当下的一段历史，即当前的战后数年正在被他的对话者悦子亲历并体验之际，对其进行把握。悦子逐渐展现了她

的日常生活，揭露了一段历史，截然不同于标示着日本在 20
世纪 50 年代至 60 年代复苏的政治事件的公开演变叙事。战后
的场景，因而开辟了一片广阔的不均等之处。在此之内，存有
各不相同的历史。导演成功的精心编制，体现在不同叙事及时
间性的共存之上——尤其是日常生活的经验对其自身历史的书
写，标示出了其与关系到战后日本官方政治史的公共发展事件
的背景之间的彻底的不同。今村昌平镜头下的酒吧侍女幸运地
摆脱了重复否定的结构，这种结构既表现了日本成功的现代的
一面，也描绘了日本基本上不曾改变的一面，似乎后者与前者
并不相称。此外，今村利用电影以及纪录片形态的这一决定，
与今和次郎应用其画作这一更近于工匠式的选择，以及小林秀
雄指定长篇小说并以此来把握日常生活之细节的做法，此三者
也形成了对比。

经今村昌平之手，电影纪录片变成了浸入日常生活的适宜
形态，而于当前站在了持续存在着的公众叙事的对立面。虽然
今村的拍摄将会成为战后历史的一个正式版本，但为公众叙事
所强调的，则是酒吧侍女的体验，与其说容易见到，不如说容
易写到。今村昌平展现出的，是对于酒吧侍女来说的日常生
活——笼罩在公共事件的强光之下的日常生活——在此之中，
针对价值的意识形态抗争正在发生，而一刻不尽完满的开放式
当下，围绕着差异，写就了其既有矛盾又有多重意义的历史。
158 正如今村昌平所示范的那样，这一当下的历史及其差异，与日
本的现代性正持续不断地唤起以表明其不同之处的物化客体无

关。今村昌平镜头下的酒吧侍女，能够理解佩索阿笔下的索阿雷斯所感为何：在悦子出现的 30 多年之前，他坦白了当他在感受到一种仅是缘于"身处此处"便出现的"忧虑"时的痛苦，坦白了他从其"从未知晓"事物之处的体察到的怀恋，坦白了一种"在深处却又是那般古老，那般隐秘，其显露出的意义是那般不同"的现代性。

索 引

ACLS. *See* American Council of Learned Societies

actuality, 147, 150, 154; of everydayness, 1–24, 151

Adorno, Theodor, 41, 85, 98

advertising, 117–18, 123

Africa, 9, 38, 48, 51, 59, 162n20

Ahmad, Aijaz, 52

Algeria, 70

Althusser, Louis, 45

American Council of Learned Societies (ACLS), 30, 32

Americanism, 66–67, 68, 82, 84, 119, 164n31

Americanization, 89–90. *See also* United States

Anderson, Benedict, 16

Andō Nobuyoshi, 145

Die Angestellten (Kracauer), 71, 85, 87, 89, 91, 94, 117

Ankersmit, Frank, 10

Anti-Oedipus (DeLeuze and Guattari), 53

Aono Suekichi, 83, 91, 124; on salaryman class, 91–92, 122–23, 125, 133–40

area studies, 25–58; as anachronism, 28–29; in Association of Asian Studies, 26–27; and business interests, 29, 30, 31, 46; and censorship, 30, 43; and cold war, 29, 31, 32, 33, 34; and cultural studies, 22, 41, 45–47, 58; East-West dichotomy in, 25–28; and ethnicity, 34–35; fieldwork in, 38–40; funding for, 27, 30–31, 32, 35–36, 42, 43–45, 52–53; and history, 32–33; motives for, 36, 38; and nation-states, 32, 36, 41, 42, 46; periodic surveys of, 42–43; and power, 45–46; theory in, 39–40, 42, 52, 61; in universities, 29–32, 44–45; and Vietnam War, 29, 31, 34; and World War II, 30

"Area Studies in American Universities" (Fenton), 32

art, 1, 13; Benjamin on, 108; bourgeois, 80; and everydayness, 79, 132, 152, 155; and history, 11, 12; performance, 156–57; and production, 78–80, 84

Art and Production (Arbatov), 79

Arvatov, Boris, 21, 66, 67, 78–85, 127

Asia, 5, 66, 162n20; colonialism in, 51, 59; as "field," 38; historiography of, 6, 9; as phantom, 25, 57; study of, 6–7, 25–28. *See also particular countries*

"西方日本研究丛书"书目